PC-Wissen

für Senioren

EDITION XXL

Inhalt

Vorwort

Sie haben Berührungsängste gegenüber Computern? Das muss nicht sein. Denn dank der modernen Betriebssysteme ist die Bedienung eines PCs (Personal Computer) für Jung und Alt erlernbar. Und wenn man die ersten Hürden genommen hat, kann ein Computer richtig Spaß machen und nützlich sein. Ein PC kann z. B. helfen, mit Freunden in Kontakt zu bleiben, Informationen aus dem Internet zu beziehen oder sich mit Videos und Musik zu unterhalten.

Für die ersten Schritte mit einem Computer, die wichtigsten Begriffe und grundlegende Funktionen von Hard- und Software bietet Ihnen dieses Buch eine gute Einstiegshilfe. Natürlich können wir in diesem Rahmen Programme nicht bis ins Detail beschreiben. Sie erhalten aber ein hilfreiches Basiswissen, das Ihnen die wichtigsten Grundfunktionen der vorgestellten Programme erklärt und so die Funktionen von Hard- und Software näher bringt.

Wer keine Erfahrung mit dem Computer hat, der sollte sich das System von einem Bekannten oder im Fachmarkt so einrichten lassen, dass der PC startet, ohne dass Sie noch etwas einrichten müssen. Zusätzlich sollten ein E-Mail-Programm und eine Verbindung ins Internet eingerichtet und eine Anti-Viren-Software installiert werden. Dann können Sie Ihre Entdeckungsreise in die spannende Welt der Computer beginnen.

Wir wünschen Ihnen viel Spaß mit Ihrem Computer und hoffen, dass Sie sich nicht von eventuell auftretenden Problemen den Spaß nehmen lassen. Denn für alle Probleme gibt es eine Lösung, die Sie in den meisten Fällen mit Hilfe einer Suchmaschine im Internet finden können.

Der passende PC

Den passenden Computer zu finden ist gar nicht so schwer – wenn Sie wissen, welche Aufgaben der PC erfüllen soll. In diesem Kapitel erfahren Sie, auf welche Kriterien Sie achten sollten, wenn Sie sich einen neuen Rechner kaufen möchten. Neben der grundlegenden Ausstattung eines modernen PCs beleuchten wir hier die verschiedenen Modelle und Rechnertypen. Sie lernen außerdem, wie Sie einen Computer mit Maus und Tastatur steuern können.

Rechnertypen: Qual der Wahl

Computer gibt es wie Sand am Meer. Es gibt kleine, große, flache, stationäre und mobile Geräte, die für den einen oder anderen Einsatzzweck besser oder schlechter geeignet sind. Darum sollten Sie sich vor dem Kauf eines Rechners überlegen, wo und wie ein Computer zum Einsatz kommen soll. Beantworten Sie sich also zunächst die folgenden Fragen:

Frage 1: Für welche Aufgaben soll der Computer genutzt werden?
Frage 2: Wo soll der Rechner zum Einsatz kommen?

Antwort 1: Die Antwort auf die erste Frage betrifft die Leistung des Computers. Soll er z. B. überwiegend zum Briefeschreiben oder zum Hören von Musik genutzt werden, kann die Leistung der verbauten Komponenten

Computer gibt es in **verschiedenen Größen** und mit unterschiedlicher **Rechenleistung**. Für welchen Sie sich entscheiden, hängt vom **Einsatzzweck** und dem **Budget** ab.

niedrig sein und ein günstiger Rechner gekauft werden. Wollen Sie hingegen hochauflösende Videos bearbeiten, dann benötigen Sie ein deutlich leistungsfähigeres und in der Regel teureres Gerät.

Antwort 2: Mit der Antwort auf die zweite Frage sollten Sie klären, ob es ein mobiler oder stationärer Rechner sein soll. Stationäre Computer, wie z. B. Desktop-PCs, sind bei vergleichbarer Rechenleistung in der Regel günstiger, benötigen aber mehr Platz als mobile Computer wie Notebooks. Notebooks oder die kleineren Netbooks sind sehr kompakt und können auch mobil genutzt werden, z. B. im Garten oder auf Reisen.

Hier sehen Sie verschiedene **Rechnertypen**:
① **Netbook**
② **Tower-PC**
③ **Desktop-PC**
④ **Notebook**
⑤ **Display** (Bildschirm)
⑥ **Convertible Notebook** mit dreh- und schwenkbarem Display

Stationäre Rechner: Groß und flexibel

Im Büro, aber auch privat kommen häufig sogenannte Desktop- bzw. Tower-PCs – Rechner, die aus mehreren Komponenten individuell zusammengestellt werden können – zum Einsatz. Die zentrale Einheit ist bei diesem Rechnertyp ein großes Gehäuse, das die einzelnen Komponenten eines Rechners beherbergt, wie z. B. den Prozessor, der die zentralen Rechenaufgaben abarbeitet und so Programme zum Laufen bringt, oder die Festplatte, die Ihre Daten und Programme speichert. Ein solches PC-Gehäuse verfügt zudem über viele Schnittstellen, an die Sie z. B. einen Monitor Ihrer Wahl anschließen können. Ebenso steht es Ihnen frei, eine für Sie passende Tastatur im Fachhandel zu erwerben und mit dem Rechner zu

Desktop-PCs oder **Tower-PCs** sind weit verbreitet. Ein solcher Rechner wird mit einem separaten Monitor, einer Maus und einer Tastatur verbunden.

verbinden. Desktop-Rechner haben zudem den Vorteil, dass einzelne Komponenten, wie z. B. die Festplatte, schnell von einem Fachmann ersetzt oder erweitert werden können. Festplatten lassen sich zwar auch in einem Notebook wechseln, allerdings bieten die mobilen Rechner nur selten den Platz für eine zweite oder dritte Festplatte.

Gibt es kompaktere Lösungen?

Eine immer beliebtere Alternative zu den klassischen Desktop-Rechnern sind sogenannte All-in-One-Geräte, die die komplette Hardware wie Prozessor und Festplatte im Display versteckt haben. Diese Rechner sind besonders platzsparend, lassen sich aber nicht mobil nutzen. In solchen Geräten werden häufig schlanke Komponenten verbaut, die auch in Notebooks verwendet werden. Darum sind diese Geräte ähnlich schlecht zu erweitern wie die mobilen Rechner im Klappformat.

Wer Platz sparen möchte, der sollte sich für ein **Notebook** oder ein kompaktes **All-in-One-Gerät** entscheiden, bei dem Display und Hardware kombiniert sind.

Mobile Rechner: Klein aber fein

Neben den stationären Computern sind Note- sowie Netbooks und sogenannte Tablet-PCs sehr beliebt. Denn die Rechenleistung der mobilen Geräte ist mittlerweile mit den Desktop-PCs vergleichbar. Darum greifen viele Anwender statt zu einem Desktop-PC lieber zu einem flexibel einsetzbaren mobilen Rechner, wie z. B. zu einem Notebook mit großem Display. Hier gibt es unter anderem Geräte mit einer Bildschirmdiagonalen von 45 Zentimetern, die auch beim Bearbeiten von großen Tabellen genügend Übersicht bieten. Aufgrund der Größe und dem hohen Gewicht sind solche Geräte allerdings weniger für den mobilen Einsatz auf Reisen, im Café oder bei Freunden geeignet.

Große **Notebooks** sind nicht so mobil und werden gerne als platzsparender Desktop-Ersatz verwendet.

Welches Notebook ist das richtige?

Wer auf ein großes Display verzichten kann und ein kompaktes Gerät sucht, das mit langer Akkulaufzeit glänzt, der sollte sich ein Netbook kaufen. Diese kompakten Rechner haben häufig Displays mit einer Diagonalen von 25 Zentimetern und sind mit Strom sparenden Komponenten bestückt. Diese schränken zwar das Einsatzgebiet ein – so laufen z. B. auf solchen Geräten keine anspruchsvollen PC-Spiele oder aufwendige Videoschnitte –, aber für Aufgaben wie Internet, Bürosoftware und Multimedia ist die Rechenleistung ausreichend. Netbooks können wie ein Notebook zusammengeklappt werden, sodass das Display geschützt ist. Alternativ zu Netbooks werden auch Tablet-PCs angeboten, die keine separate Tastatur haben. Ein Verkaufsschlager ist hier das iPad von Apple, das vor allem zum Surfen im Internet geeignet ist und mit vielen Multimedia-Elementen, wie Videos und Musik, sowie einfacher Bedienung begeistern kann.

Multimedia-Elemente, wie Musik, Videos, selbstgedrehte Filme oder Fotos vom letzten Urlaub, können aus dem Internet oder von der Speicherkarte der Digitalkamera auf kompakten, kleinen Netbooks sowie Tablet-PCs angeschaut werden.

Netbooks und **Tablet-PCs**, wie das iPad, sind besonders gut für den **mobilen Einsatz** ausgelegt und bieten in der Regel lange Akkulaufzeiten.

Der Kauf des passenden Rechners

Wenn Sie im Umgang mit Computern unerfahren sind, sollten Sie beim Einkauf einen versierten Bekannten mitnehmen oder ein kompetentes Fachgeschäft aufsuchen.

Ein Computer, egal ob Desktop-PC, Note- oder Netbook, besteht aus vielen unterschiedlichen Komponenten, die mehr oder weniger Einfluss auf die Rechenleistung des Geräts nehmen. Achten Sie grundsätzlich darauf, dass Ihr zukünftiger Rechner Leistungsreserven hat. Die Hardware, also alles, was man am Computer anfassen kann, sollte der Software, die Sie einsetzen möchten, gewachsen sein. Software ist der Oberbegriff für Programme, wie z. B. Text- oder Bildverarbeitung, Computerspiele, aber auch das Betriebssystem.

Planen Sie heute, nur Briefe zu schreiben und im Internet zu surfen, so kann es morgen schon sein, dass Sie auch Bilder oder Videos bearbeiten wollen. Für diese Aufgaben benötigen Sie aber eine deutlich höhere Rechenleistung. Bedenken Sie dies beim Kauf und planen Sie Reserven ein.

Nicht jeder Computer ist für jede Aufgabe gerüstet. Besonders **Computerspiele** und hochauflösende **Videos** stellen hohe Anforderungen an die Hardware.

Welcher Rechner ist für mich der richtige?

Büro-PC: Für diesen Aufgabenbereich benötigen Sie einen günstigen Rechner, der mit einem preiswerten Prozessor und einer einfachen Grafikkarte ausgestattet ist, die das Display mit Bildern versorgt. Die Festplatte sollte eine Kapazität von mindestens 250 GB (Gigabyte) haben.

Die **Grafikkarte** steckt im Computer, wird über ein Kabel mit dem Monitor verbunden und versorgt diesen mit den entsprechenden Inhalten.

Internet-PC: Ein Computer, der vorwiegend zum Surfen im Internet, zur elektronischen Kommunikation (E-Mails) und für ähnliche Aufgaben bestimmt ist, sollte mit einem Doppelkernprozessor ausgestattet sein, eine einfache Grafikkarte besitzen und ein paar Extras mitbringen, z. B. Lautsprecher, um Audioinhalte aus dem Internet zu hören.

Überlegen Sie vor dem **Rechnerkauf**, für welche Aufgaben Sie den Computer nutzen wollen. Je anspruchsvoller die Aufgaben, desto **leistungsfähiger** muss das Gerät sein.

Multimedia-PC: Für Multimedia-Anwendungen muss ein Rechner die bisher genannten Kriterien erfüllen, aber auch eine große Festplatte besitzen, weil Bilder, Musik und Videos viel Speicherplatz benötigen. Außerdem ist ein Blu-ray-Laufwerk von Vorteil, mit dem man Blu-ray-Discs (Nachfolger der DVD) abspielen kann.

High-End-Rechner: Ein Computer mit besonders hoher Rechenleistung wird benötigt, wenn man z. B. hochauflösende Videos bearbeiten möchte oder anspruchsvolle 3D-Spiele auf dem Rechner laufen sollen. Solche Anwendungen reizen die Hardware bis ins Letzte aus.

Wichtige Begriffe

Was sind Prozessor, Arbeitsspeicher & Co.?

Beim Umgang mit einem Computer stoßen Sie auf verschiedene Begriffe, die Ihnen vielleicht unbekannt sind. Hier werden die Wichtigsten erläutert:

Arbeitsspeicher oder Hauptspeicher ②: Hier werden u. a. geöffnete Programme abgelegt, damit die CPU schnell darauf zugreifen kann.

Als **Bildschirm** oder **Monitor** werden meist große Röhrenmonitore bezeichnet. **Displays** sind in der Regel besonders flach.

Bildschirm oder Display: Am Bildschirm werden Programme sichtbar gemacht. Hier sehen Sie Texte, Bilder und mehr.

Drucker: Mit einem Drucker können Sie Bildschirminhalte auf Papier ausdrucken.

Festplatte oder HDD (Hard Disk Drive) ③: Ein magnetisches Speichermedium, das große Datenmengen fassen kann. Hier werden Programme und Daten abgelegt und auch dann gespeichert, wenn Sie den Computer ausschalten.

Hardware: Als Hardware wird alles bezeichnet, was man bei einem PC anfassen kann, also sowohl die einzelnen Rechnerteile, wie Festplatte etc., als auch die Peripheriegeräte, wie Tastatur, Monitor etc.

Lautsprecher: Diese sind häufig im Monitor eingebaut, können aber auch separat aufgestellt werden, um z. B. Musik und Sprache aus Multimediainhalten zu hören.

Maus: Durch Bewegen der Computermaus auf dem Schreibtisch wird ein kleiner Pfeil auf dem Bildschirm bewegt. Wenn Sie mit diesem Pfeil über einen Aktionsknopf eines Programms fahren und eine Taste der Maus drücken, können Sie Abläufe beeinflussen.

Optisches Laufwerk oder ODD (Optical Disc Drive) ④: Mit einem solchen Laufwerk werden z. B. CDs und DVDs eingelesen. Mit einem Brenner können Sie Daten wie Fotos und Videos auf beschreibbaren CDs und DVDs speichern. Es gibt mittlerweile auch Brenner, die beschreibbare Blu-ray-Discs, die deutlich mehr Daten fassen können als eine DVD, beschreiben können.

Der Begriff **„Optisch“** kommt daher, weil solche Laufwerke den **Datenträger** (z. B. CD) mit einem Laser optisch abtasten.

Prozessor oder CPU (Central Processing Unit) ①: Die zentrale Rechenstelle eines PCs. Die Leistung der CPU ist ein wichtiger Indikator für die Leistungsfähigkeit des Computers.

Scanner: Mit einem Scanner lassen sich analoge Vorlagen wie ein Brief oder ein Bild als digitale Daten auf dem Computer speichern.

Hardwarekomponenten, wie die **CPU**, der **Arbeitsspeicher** oder die **Festplatte**, befinden sich gut geschützt im Gehäuse des Computers.

1. **Prozessor oder CPU**
2. **Arbeitsspeicher**
3. **Festplatte**
4. **Optisches Laufwerk**

Software: Ausführbare Programme, wie z. B. eine Textverarbeitung, aber auch Daten, wie ein digitales Text-Dokument, Fotos oder Musik und Videos, nennt man Software.

Tastatur oder Keyboard: Mit der Tastatur geben Sie Texte in den Computer ein und mit den Tastenkombinationen können Sie Befehle erteilen.

Die wichtigsten Anschlüsse

Einen Computer kann man mit verschiedenen Zusatzgeräten erweitern, z. B. mit einem Drucker, Lautsprechern oder einem kleinen Zusatzspeicher. Die wichtigste Schnittstelle für Sie ist der sogenannte USB-Port (Universal Serial Bus), der von vielen Peripheriegeräten unterstützt wird. Das Großartige an dieser Schnittstelle ist, dass Geräte im laufenden Betrieb mit dem Computer verbunden werden können. In der Regel erkennt ein Betriebssystem wie Windows 7 das angeschlossene Gerät und schlägt vor, was damit gemacht werden soll.

An einen **USB-Port** ① können Sie verschiedene **Zusatzgeräte** anschließen, z. B. einen **Speicherstick** ② oder ein **Druckerkabel** ③.

Wie wird der Monitor angeschlossen?

Neben dem USB-Port gibt es weitere wichtige Schnittstellen, z. B. DVI, HDMI oder VGA, um den Monitor mit dem Rechner zu verbinden. Diese Schnittstelle werden Sie aber nicht oft benutzen, weil der Monitor nur selten ausgetauscht wird.

Ein **Bildschirm** kann über einen **DVI-Anschluss** ① (Digital Visual Interface), einen **VGA-Anschluss** ② (Video Graphics Array) oder **HDMI** (nicht abgebildet) mit der **Grafikkarte** des Computers verbunden werden.

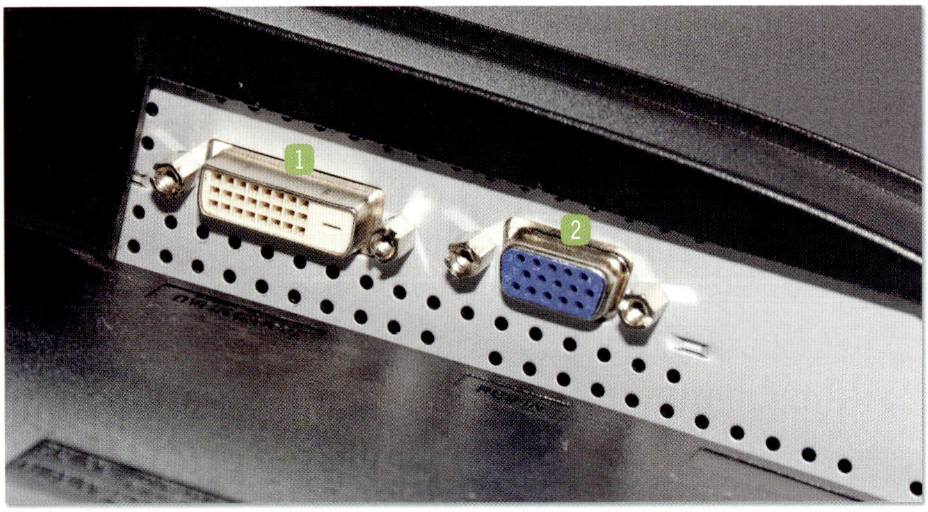

Mit digitalen Anschlüssen wie **DVI** bzw. **HDMI** erhalten Sie in der Regel ein besseres Bild als mit der älteren analogen **VGA-Verbindung**.

Kann man externe Lautsprecher anschließen?

Desktop-PCs verfügen in der Regel an der Vorder- und auf der Rückseite über Audio-Ein- und -Ausgänge. An der Rückseite werden meist stationäre Lautsprecher (Boxensysteme) angeschlossen, während an der Vorderseite ein Headset (Kopfhörer) bei Bedarf angeschlossen werden kann. Ein Headset ist ein Kopfhörer mit eingebautem Mikrofon und sehr praktisch, wenn man z. B. über das Internet telefonieren möchte.

Sowohl Lautsprecher als auch Kopfhörer sind mit 3,5-Millimeter-Klinkensteckern bestückt, die Sie im laufenden Betrieb in den entsprechenden Audio-Ein- bzw. -Ausgang stecken können.

Die Tastatur:

Keine Angst vor Sondertasten

Die Maus und die Tastatur sind die wichtigsten Instrumente, um mit dem Computer zu kommunizieren. Darum sollten Sie sich mit diesen beiden Eingabegeräten vertraut machen. Beide Komponenten werden je nach Ausführung mit einem Kabel oder kabellos mit dem PC verbunden. Viele moderne Eingabegeräte können Sie einfach in einen freien USB-Port stecken, sie werden automatisch erkannt und sind nach wenigen Sekunden einsatzbereit.

Wie nutze ich die Tastatur?

Die Tastatur eines Computers ähnelt der Schreibmaschinentastatur, ist allerdings mit mehr Funktionen und Tasten ausgestattet. Die Tasten sind in der Regel mit den Symbolen gekennzeichnet, denen sie zugeordnet sind, z. B. mit Buchstaben, Zahlen und vielen verschiedenen Sonderzeichen. Rechts befindet sich häufig ein Nummernblock, der die Eingabe von Zahlen erleichtert. Viele kleinere Notebooks verzichten aber auf diesen Bereich, um Platz zu sparen. Neben Buchstaben und Zahlen gibt es noch weitere Tasten, die wir Ihnen hier kurz erklären:

Machen Sie sich mit der **Tastatur** und den **Sondertasten** vertraut, um den Computer einfacher bedienen zu können.

Notebook-Tastatur ohne separaten Nummernblock.

Escape-Taste (Esc-Taste): Mit dieser Taste können Sie in vielen Programmen laufende Prozesse abbrechen.

Funktionstasten (F1 bis F12): Sie befinden sich über dem Haupttastenblock und sind je nach geöffnetem Programm unterschiedlichen Funktionen zugewiesen. Mit der F1-Taste z. B. kann man bei Windows-Anwendungen Hilfe aufrufen.

Tabulatortaste: Diese Taste ist mit einem Pfeil nach links und einem nach rechts gekennzeichnet. Mit dieser Taste können Sie die Eingabemarke (engl. Cursor), z. B. in einer Textverarbeitung, um einen vorgegebenen Abstand verschieben.

Feststelltaste (Shift Lock): Diese Taste ist häufig mit einem Pfeil nach unten gekennzeichnet und befindet sich unter der Tabulatortaste. Wird diese Taste gedrückt, wird die Umschalttaste als dauerhaft gedrückt angesehen.

Umschalttaste (Shift-Taste): Wird die Umschalttaste (unter der Feststelltaste und zusätzlich in derselben Reihe ganz rechts im Haupttastenblock) gedrückt gehalten und eine weitere Taste gedrückt, werden z. B. statt Klein- Großbuchstaben am Bildschirm angezeigt. Außerdem können Sie so die oberen Markierungen einer Taste ausgeben, z. B. bei der Taste „1" ein „!". Achtung! Die Umschalttaste muss immer gemeinsam mit einer anderen Taste gedrückt werden, um den gewünschten Effekt zu erzielen.

Steuerungstaste (Strg-Taste): Die Strg-Taste wird in Kombination mit einer anderen Taste genutzt, um Befehle einzugeben, z. B. um einen Bearbeitungsschritt rückgängig zu machen (Strg + Z).

Sie können mit einer Tastenkombination alle offenen Fenster **minimieren**, d. h., alle offenen Fenster werden nur noch als Icon in der Task-Leiste angezeigt, der Desktop ist sichtbar.

Wenn Sie das Icon mit dem Mauszeiger anklicken, wird das Fenster wieder **maximiert** und somit auf dem Bildschirm sichtbar.

- **Windows-Taste:** Diese Taste öffnet das Windows-Startmenü oder kann in Kombination mit einer anderen Taste genutzt werden, um z. B. alle offenen Fenster zu minimieren (Windows-Taste + M).

- **Alt-Taste:** Auch diese Taste kommt in Kombination mit anderen Tasten zum Einsatz. So können Sie z. B. unter Windows mit der Tastenkombination „Alt + Tab" zwischen offenen Programmfenstern wechseln.

- **Leertaste:** Sie befindet sich neben der Alt-Taste und ist die größte Taste. Damit können Sie ein Leerzeichen einfügen.

- **Alt Gr-Taste:** Diese Taste finden Sie rechts neben der Leertaste. Sie wird in Kombination mit anderen Tasten genutzt, z. B. um eine hochgestellte 2 abzubilden (Alt Gr + 2).

- **Eingabetaste:** Mit dieser Taste können Eingaben bestätigt oder auch Zeilenumbrüche in einem Text gesetzt werden.

Weitere wichtige Tasten:

- **Pos 1-Taste:** Mit dieser Taste können Sie z. B. in einem Textdokument den Cursor an die erste Position in einer Zeile verschieben.

- **Ende-Taste:** Mit dieser Taste können Sie z. B. in einem Textdokument den Cursor an die letzte Position in einer Zeile verschieben.

- **Entf-Taste:** Markierte Bereiche oder ein Zeichen an der Cursorposition werden gelöscht/entfernt.

- **Bild ↑ und Bild ↓:** Mit diesen Tasten können Sie ein Bild oder einen Text schnell von oben nach unten verschieben oder umgekehrt.

- **Pfeiltasten:** Mit diesen Tasten können Sie z. B. den Cursor in einem Dokument versetzen.

Die Tastatur ist das wichtigste Eingabeinstrument eines PCs. Hier ein Beispiel mit Nummernblock.

Die Maus: Übung macht den Meister

Der Umgang mit der **Maus** ist nicht ganz einfach und sollte geübt werden. Öffnen Sie zur Übung einfach ein paar Dateien oder das **Kontextmenü** des **Desktops** mit der rechten Maustaste.

Die Maus ist neben der Tastatur das wichtigste Eingabegerät bei einem Computer. Einfache Modelle verfügen über zwei Tasten, aufwendigere Ausführungen über deutlich mehr Funktionen und ein praktisches Scrollrad.

Grundsätzlich wird mit der Maus ein kleiner Pfeil auf dem Bildschirm gesteuert. Dazu bewegen Sie die Maus auf dem Schreibtisch, der Pfeil bewegt sich analog. Üben Sie diesen Vorgang, um die Steuerung zu verinnerlichen und fahren Sie mit dem Zeiger bestimmte Punkte am Bildschirm an.

Wozu brauche ich die Maustasten?

Mit den Maustasten können Sie bestimmte Aktionen auslösen, z. B. eine Datei markieren (linke Maustaste) oder ein Programm mit einem Doppelklick öffnen. Beim Doppelklick muss die linke Maustaste zweimal hintereinander gedrückt werden. Achten Sie darauf, dass Sie dabei die Maus selbst nicht bewegen. Mit der rechten Maustaste können Sie ein Kontextmenü öffnen, das Ihnen weitere Optionen zur Auswahl anbietet.

Im **Kontextmenü** (rechte Maustaste) finden Sie zusätzliche Befehle, Informationen oder Einstellmöglichkeiten.

Was ist ein Scrollrad?

Das Scrollrad ist ein kleines Rad auf der Maus, das gedreht werden kann. Damit können Sie ein großes Dokument auf dem Bildschirm hoch- und runterschieben. Ähnlich wie mit den Tasten Bild ↑ und Bild ↓.

Was ist ein Touchpad?

Ein Touchpad ist eine in ein Notebook integrierte Maus. Es besteht aus einem kleinen Feld, zwei oder mehr Tasten und befindet sich meistens unterhalb der Tastatur. Wenn Sie mit dem Finger über das Touchpad fahren, bewegt sich, wie beim Fahren mit der Maus, der Mauszeiger auf dem Bildschirm. Die Tasten funktionieren ebenfalls wie bei der Maus. Die linke Taste wird für den einfachen Klick und den Doppelklick benutzt, mit der rechten Taste öffnen Sie ein Kontextmenü.

Moderne **Computer-Mäuse** sind mit verschiedenen Tasten und einem Rad ausgestattet, mit dem Sie Programme sehr leicht bedienen können.

Der erste Start

Sie haben nur wenig oder keine Erfahrung im Umgang mit einem Computer? Macht nichts. In diesem Kapitel erfahren Sie, was Sie beim Start eines Computers mit dem Betriebssystem Windows 7 erwartet. Lesen Sie auf den folgenden Seiten, was ein Desktop ist und wie man ihn einrichtet. Außerdem erfahren Sie, wie Sie Dateien von A nach B kopieren und Programme öffnen und benutzen können.

Das Betriebssystem: Ohne läuft nichts

Das Betriebssystem ist die wichtigste Software eines Computers. Sie ermöglicht erst den Betrieb eines PCs, sie verwaltet die Hardware und sie steuert Programme wie Textverarbeitung oder Bildbearbeitung. In der Regel ist ein Betriebssystem im Lieferumfang eines Computers enthalten und vorinstalliert, damit der Computer nach wenigen Schritten genutzt werden kann. Alternativ kann es separat gekauft werden.

Gibt es verschiedene Betriebssysteme?

Wie bei den Rechnern selbst gibt es auch bei Betriebssystemen verschiedene Anbieter mit unterschiedlichen Produkten. Beim klassischen Heim-PC

Das **Betriebssystem Windows 7** von Microsoft ist bereits auf vielen Computern vorinstalliert.

stößt man am häufigsten auf Windows von Microsoft in den Versionen XP, Vista oder Windows 7. Letzteres wurde Ende 2009 eingeführt und dient auch für dieses Buch als Basis.

Warum ist Windows so beliebt?

Zum einen ist es die große Verbreitung, zum anderen die einfache Bedienung, die Windows 7 so beliebt macht. Windows wird in einzelne Fenster aufgeteilt, in denen Anwendungen wie Textbearbeitung oder Bildverarbeitung laufen. Dabei können Sie mehrere Fenster bzw. Programme parallel öffnen und frei auf dem Bildschirm platzieren. Dieses einfache Prinzip macht das Betriebssystem Windows so populär.

Eine **Software** muss nicht nur zum **Betriebssystem** passen, sondern auch zur **Hardware**. Die entsprechenden **Systemanforderungen** finden Sie in der Regel auf der Verkaufsverpackung.

Dank der weiten Verbreitung werden auch viele Programme für dieses Betriebssystem entwickelt, die z. B. als sogenannte Freeware kostenlos angeboten werden. Andere Programme sind kostenpflichtig.

Achtung: Wenn Sie eine Software kaufen, müssen Sie darauf achten, dass diese auch für Ihr Betriebssystem geeignet ist. Ansonsten läuft das Programm nicht auf Ihrem Rechner.

Der erste Start braucht Zeit

Wenn Sie einen neuen Computer mit dem Betriebssystem Windows 7 starten, benötigen Sie etwas Geduld. Vorab möchte Windows 7 einige Informationen von Ihnen haben, z. B. in welchem Land der Rechner eingesetzt wird und welches Tastaturlayout Sie nutzen. Denn die Buchstaben einer englischen Tastatur sind im Vergleich zu einer deutschen Tastatur etwas anders angeordnet. Wenn Sie unsicher beim Einrichten sind, fragen Sie einen versierten Bekannten, ob er Ihnen helfen kann. Den ersten Start eines Rechners komplett und ausführlich abzuarbeiten, würde den Rahmen dieses Buchs sprengen.

Windows 7 benötigt beim Start ein paar grundlegende **Informationen** von Ihnen.

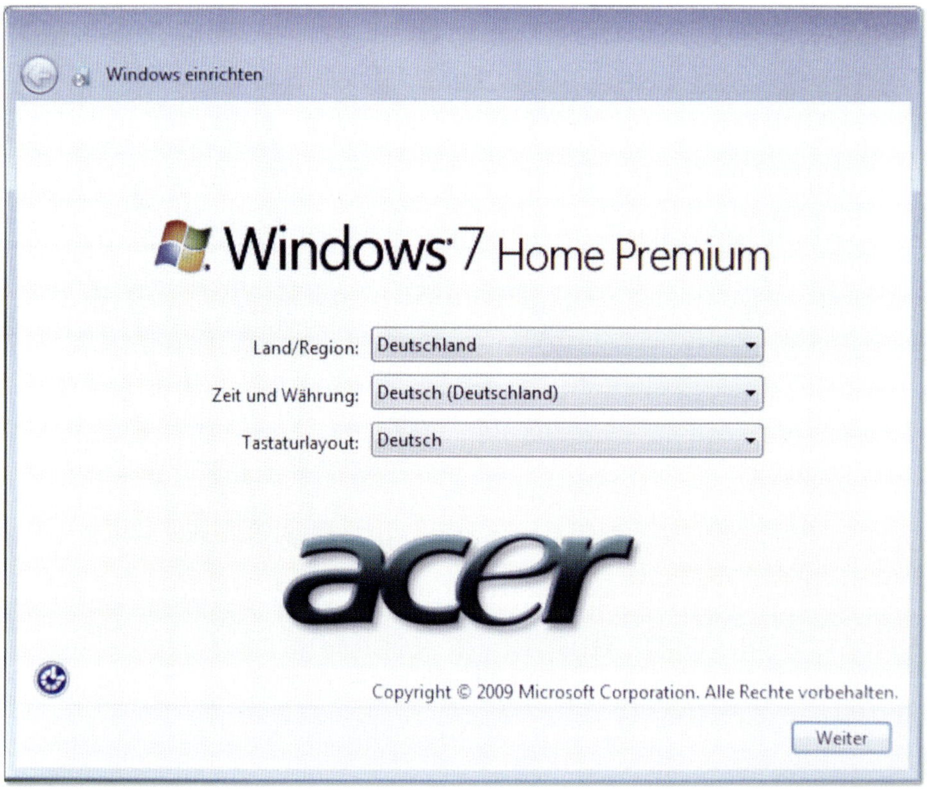

Was ist nach dem Start zu beachten?

Viele Hersteller liefern mittlerweile das Betriebssystem auf einer CD oder DVD nicht mehr mit. Das ist schlecht, denn sollte die Festplatte einmal defekt sein, ist das Betriebssystem verloren. Es ist deshalb empfehlenswert, zeitnah zum ersten Start ein sogenanntes Back-up (Sicherungskopie) Ihres Systems durchzuführen, um es schnell wieder installieren zu können. Dafür können Sie entweder die windows-eigenen Programme nutzen oder – wenn vorhanden – das Back-up- oder Recovery-Tool (zur Wiederherstellung des Systems) des Hardware-Herstellers.

Ein Back-up kann auf einer Festplatte, einer DVD oder einem anderen Speichermedium gesichert werden. Speichern Sie das Back-up nie auf dem Laufwerk, das Sie sichern möchten.

Ein neuer Rechner ist in wenigen Minuten eingerichtet.

Hallo Anwender, ich bin dein Desktop!

Windows 7 begrüßt Sie nach dem Start mit dem Desktop, einem virtuellen Schreibtisch, auf dem Sie sogenannte Icons, kleine Symbole, finden. Diese können Sie mit dem Mauszeiger markieren (einmal anklicken) oder öffnen (zweimal anklicken/Doppelklick). Sie finden hier z. B. ein Icon mit dem Namen „Papierkorb“ ①, in dem Sie gelöschte Dokumente finden – oder das Icon „Computer“ ②, über das Sie Dateien und Dokumente auf Ihrem Computer finden. Dazu aber später mehr.

Desktop-Elemente:
① **Papierkorb**
② **Computer-Icon**
③ **Taskleiste**
④ **Start-Symbol**
⑤ **Informationsbereich**

Am unteren Bildschirmrand sehen Sie die Taskleiste ③, die verschiedene Elemente anzeigt. Links befindet sich das Start-Symbol ④ von Windows 7,

das Sie zu Einstellungen und Programmen führt. Daneben werden die aktuell geöffneten Programme angezeigt. Rechts finden Sie einen Informationsbereich ⑤ mit verschiedenen Symbolen und einer Uhr sowie das aktuelle Datum.

Was sagen mir die Symbole?

Fahren Sie mit dem Mauszeiger einfach auf ein Symbol im Informationsbereich, um mehr darüber zu erfahren. Windows blendet dann den Namen oder den Status ein, z. B. das Lautstärkesymbol, welches Ihnen die aktuelle Lautstärke anzeigt, indem Sie mit dem Mauszeiger über dem Symbol ruhen. Klicken Sie mit der linken Maustaste auf das Symbol, um einen Lautstärkeregler zu öffnen. Die Lautstärke können Sie nun mit dem Scrollrad ändern. Alternativ können Sie den Schieberegler auch mit dem Mauszeiger erfassen (linke Maustaste gedrückt halten) und verschieben. Außerdem können Sie in diesem Bereich auch die rechte Maustaste einsetzen, um ein Kontextmenü mit weiteren Optionen zu öffnen. Zusätzlich werden hier Informationen eingeblendet, z. B. wenn Sie eine neue Hardware an einen USB-Eingang angeschlossen haben.

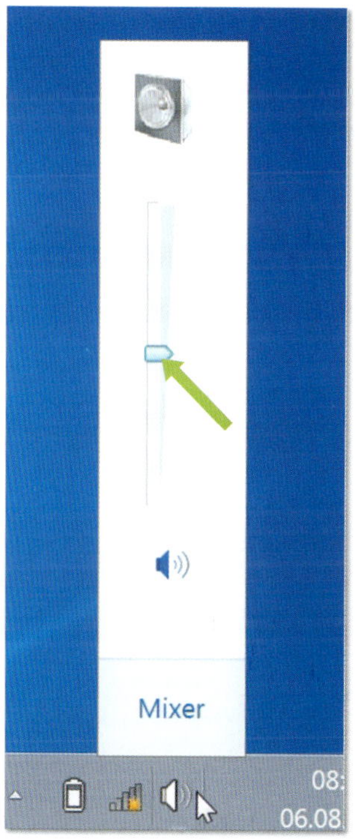

Windows gibt mit Ballon-Tipps Infos zu bestimmten Systemereignissen, z. B. wenn Software zu einer neuen Hardware installiert wird.

Mein Desktop: Individuelle Einstellungen

Sie können z. B. die **Symbole** frei platzieren oder das komplette Aussehen verändern.

Der Desktop ist der virtuelle Schreibtisch eines Computers. Er wird direkt nach dem Einschalten sichtbar. Hier können Sie Programme über die Icons (kleine Symbole) aufrufen oder Einstellungen ändern. Außerdem werden Programmfenster und Ordner auf dem Windows-Desktop angezeigt. Der virtuelle Schreibtisch kann wie ein echter Schreibtisch Ihren Vorstellungen entsprechend angepasst werden.

Wie kann ich den Desktop anpassen?

Hierzu muss lediglich das sogenannte Anpassungs-Menü aufgerufen werden. Fahren Sie dafür einfach mit dem Mauszeiger über einen leeren Platz auf dem Desktop und drücken Sie die rechte Maustaste. Wie bei Windows üblich, öffnet sich ein Kontextmenü

Um die **Desktop-Eigenschaften** zu verändern, müssen Sie im Kontextmenü auf **„Anpassen“** klicken.

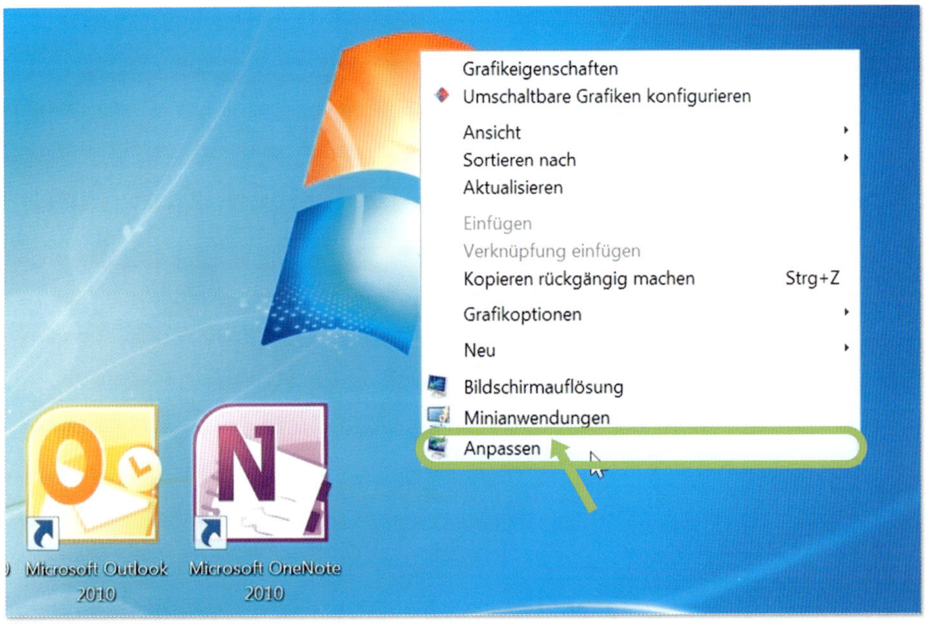

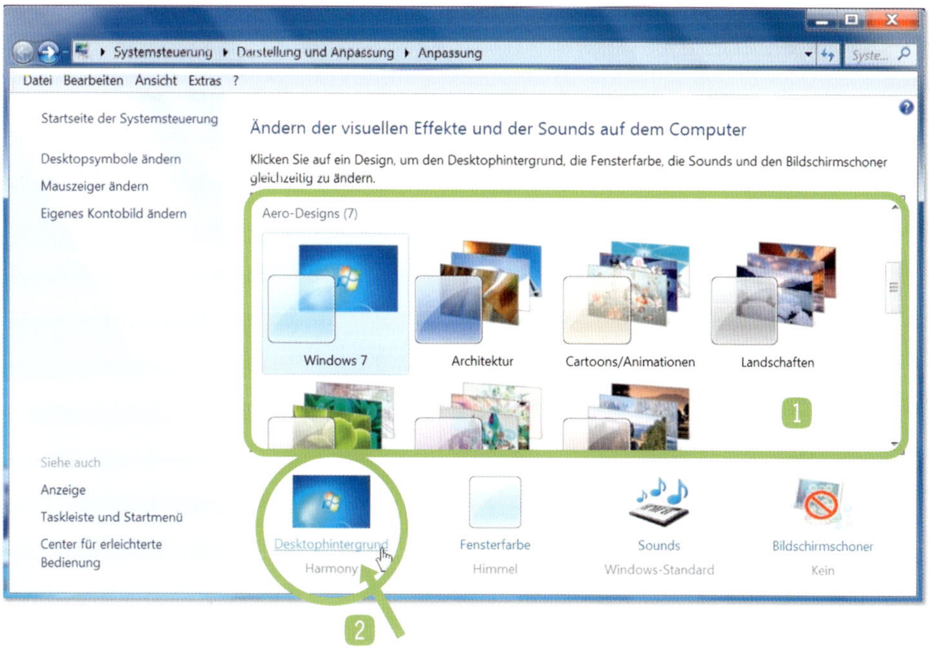

mit weiteren Optionen. Klicken Sie auf den Eintrag „Anpassen“ und wählen Sie aus den vorhandenen Design-Vorlagen ① eine passende aus, um Ihren Desktop zu verändern.

Windows Aero ist eine besondere Benutzeroberfläche, die u. a. mit halbdurchsichtigen Fensterrahmen und tollen Animationen glänzt.

Eine **Design-Vorlage** ① hat z. B. Einfluss auf Hintergrundbild, Fensterfarben und -darstellung sowie Systemklänge, die bei bestimmten Ereignissen abgespielt werden.

Klicken Sie auf das Symbol **„Desktophintergrund“** ②, um das Hintergrundbild anzupassen.

Lässt sich der Desktop individuell verändern?

Sie müssen sich natürlich nicht nach den Design-Vorlagen richten, sondern können auch eigene Hintergrundbilder, Sounds und mehr einbinden. Wollen Sie z. B. das Hintergrundbild anpassen, dann klicken Sie unter „Anpassung“ auf den Eintrag „Desktophintergrund“ ②. Im folgenden Fenster können Sie in einem Verzeichnisfenster eigene Bilder auswählen und diese als Desktophintergrund nutzen. Auf die gleiche Weise können Sie die Soundeffekte verändern. Klicken Sie dafür auf den Eintrag „Sounds“, um eine Audiodatei mit einem Systemereignis zu verknüpfen.

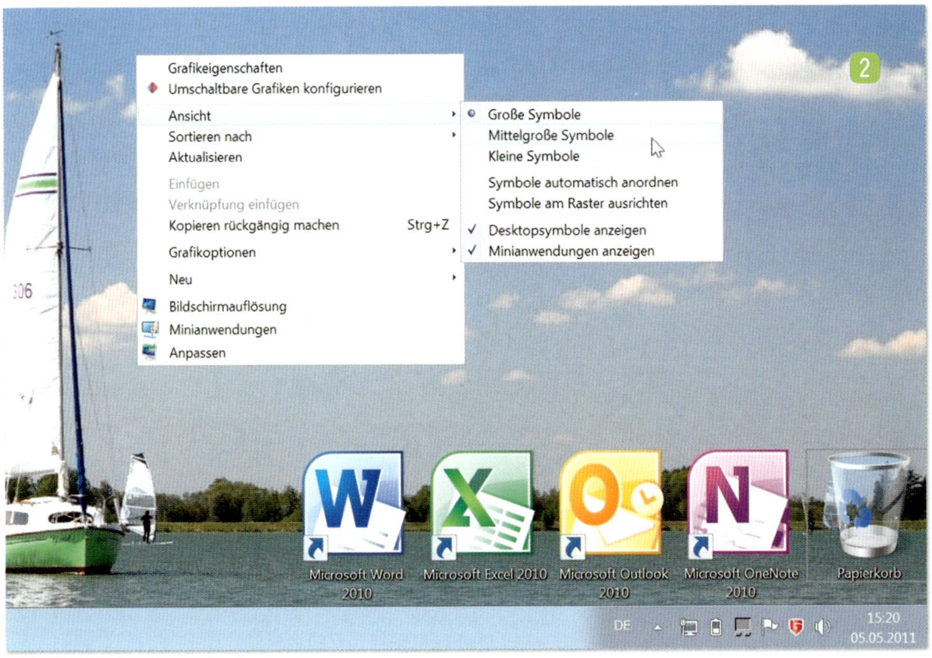

Der Desktop von Windows 7 mit dem **Standard-Desktop** ① und einem **individuellen Hintergrundbild** ②.

Wo finde ich weitere Einstellungen?

Im Kontextmenü des Desktops finden Sie viele weitere Parameter, die Ihnen beim Einrichten helfen. So können Sie z. B. die Größe der Desktop-Symbole verändern oder diese an einem Raster ausrichten, sodass ein harmonisches Bild entsteht und die Icons nicht kreuz und quer über den virtuellen Schreibtisch verteilt sind.

Ebenfalls im Kontextmenü des Desktops finden Sie den Eintrag „Minianwendungen“ (Miniaturanwendungen). Wenn Sie darauf klicken, erscheint eine Auswahl an kleinen Zusatzprogrammen, die Sie auf Ihrem Desktop anzeigen lassen können, z. B. eine Uhr oder Anzeigeinstrumente, die Sie über die aktuelle Auslastung des Prozessors oder des Arbeitsspeichers informieren. Außerdem können Sie weitere Minianwendungen aus dem Internet abrufen. Klicken Sie auf den Eintrag „Weitere Minianwendungen online beziehen“, um sich z. B. die neuesten Schlagzeilen, Fußballergebnisse oder die aktuelle Wetterlage auf dem Desktop einblenden zu lassen.

Der **Desktop** von Windows 7 kann sehr **individuell** eingerichtet werden.

Mit **Minianwendungen** können Sie sich über **Systemleistungen** oder andere Dinge informieren lassen.

Programme starten

Wenn Sie mit dem Mauszeiger auf das **Windows-Symbol** klicken, das sich am unteren Bildschirmrand links befindet, öffnet sich das **Start-Menü**.

Wenn der Computer hochgefahren – also arbeitsbereit – ist, erscheint der Desktop von Windows 7, den Sie bereits kennengelernt haben. Verschiedene Programme können Sie durch Anklicken der bekannten Desktop-Icons starten. Alternativ lassen sich die auf dem Rechner installierten Programme auch über das Start-Menü aufrufen. Dieses können Sie entweder über die mit einem Windows-Symbol gekennzeichnete Schaltfläche Start öffnen, die Sie in der linken unteren Ecke des Bildschirms finden, oder mit der Windows-Taste. Auf einer entsprechenden Windows-Tastatur ist diese mit einem Windows-Symbol gekennzeichnet.

Auch mittels der **Taste** mit **Windows-Symbol** können Sie das Start-Menü von Windows 7 öffnen.

Wie finde ich ein Programm im Start-Menü?

Ganz einfach: Im Start-Menü werden die zuletzt geöffneten Programme aufgelistet. Um eines zu öffnen, klicken Sie mit dem Mauszeiger (linke Maustaste) auf das entsprechende Symbol. Möchten Sie ein Programm aufrufen, das nicht direkt im Start-Menü zu finden ist, müssen Sie auf die Schaltfläche „Alle Programme" klicken. Hier finden Sie eine Liste mit Ordnern, in denen Sie die Programme finden. Wollen Sie z. B. ein Microsoft Office-Programm aufrufen, müssen Sie den Ordner „Microsoft Office" suchen und das entsprechende Programm mit dem Mauszeiger auswählen und anklicken.

Die **zuletzt geöffneten Programme** finden Sie im **Hauptfenster des Start-Menüs**. Hier werden sie als Icon hinterlegt und können mit einem Mausklick geöffnet werden.

Alle auf dem System installierten Programme finden Sie im **Start-Menü** unter dem Eintrag **„Alle Programme"**.

Was mache ich mit einem Programmfenster?

Wenn Sie ein Programm aufgerufen haben, wird dieses in einem Programmfenster geöffnet. Das Fenster können Sie nach Ihren Vorstellungen auf dem Desktop platzieren und in der Größe anpassen. Um ein Fenster zu platzieren, müssen Sie nur mit der linken Maustaste auf die obere Fensterleiste klicken, bis sich der Mauszeiger zu einem Doppelpfeil verändert. Halten Sie die Maustaste gedrückt und verschieben Sie das Fenster beliebig. Außerdem befinden sich in der rechten oberen Ecke eines jeden Windows-7-Fensters verschiedene Symbole, mit denen Sie die Fenstergröße und die Platzierung anpassen können.

Sie können die **Fenstergröße** über die **Schaltflächen** im rechten oberen Fensterbereich anpassen. Wenn Sie z. B. auf das **viereckige Symbol** in der Mitte klicken, wird das **Programmfenster** auf die Monitorgröße vergrößert.

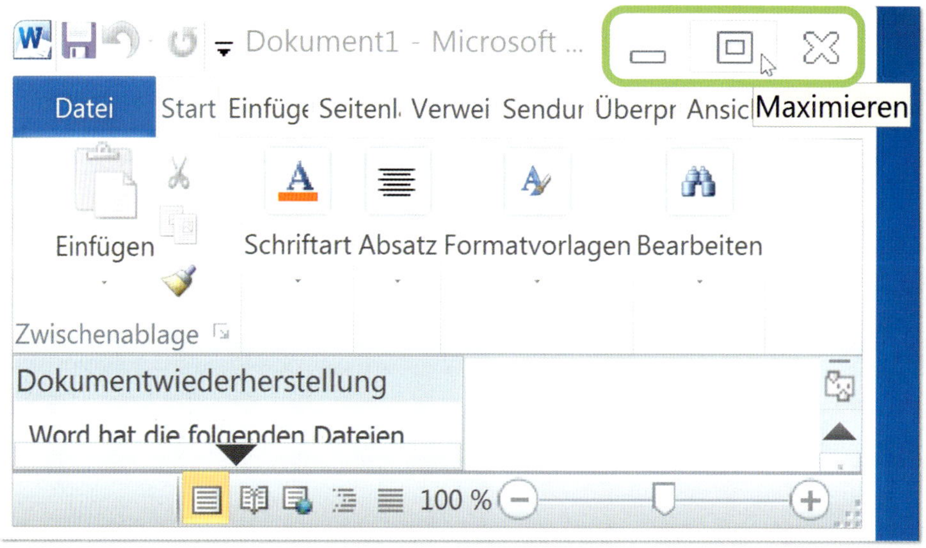

Kann ich zwischen Programmen wechseln?

Windows 7 bietet mehrere Möglichkeiten, um zwischen den offenen Programmfenstern zu wechseln: Klicken Sie z. B. auf das entsprechende Icon in der Taskleiste, um ein offenes Programm in den Vordergrund zu setzen. Klicken Sie erneut auf das Symbol, um das Programmfenster zu minimieren. Alternativ stehen auch noch Tastenkürzel zur Verfügung, z. B. Alt + Tab. Halten Sie die Alt-Taste gedrückt und drücken Sie die Tab-Taste so oft, bis in dem kleinen Vorschaufenster das gewünschte Programm markiert ist.

Wenn Sie eines der sogenannten Aero-Designs für den Desktop und weitere Windows-7-Effekte nutzen, erhalten Sie eine aufwendige animierte Programmvorschau auf Ihrem Bildschirm.

Drücken Sie die **Tastenkombination Alt + Tab**, um zwischen offenen Programmen zu wechseln.

Dateien finden

Wo Sie die Programme finden und wie Sie Fenster verschieben können, wissen Sie nun. Aber wo sind die Dateien? Ganz einfach: auf der Festplatte Ihres Computers. Öffnen Sie die Ansicht auf Ihre Festplatte einfach mit der Tastenkombination Windows-Taste + E oder öffnen Sie das Start-Menü und klicken Sie in der rechten Spalte auf den Eintrag „Computer".
Im nun folgenden Fenster werden Ihre Festplatten und Geräte mit Wechselmedien, damit ist z. B. das DVD-Laufwerk oder ein USB-Speicherstick gemeint, aufgelistet. Außerdem können hier eingebundene Netzwerklaufwerke erscheinen, wenn solche von Ihnen oder einem Administrator eingerichtet wurden.

Um Zugriff auf Ihre **Daten** zu bekommen, öffnen Sie das Fenster **„Computer"** im **Start-Menü**.

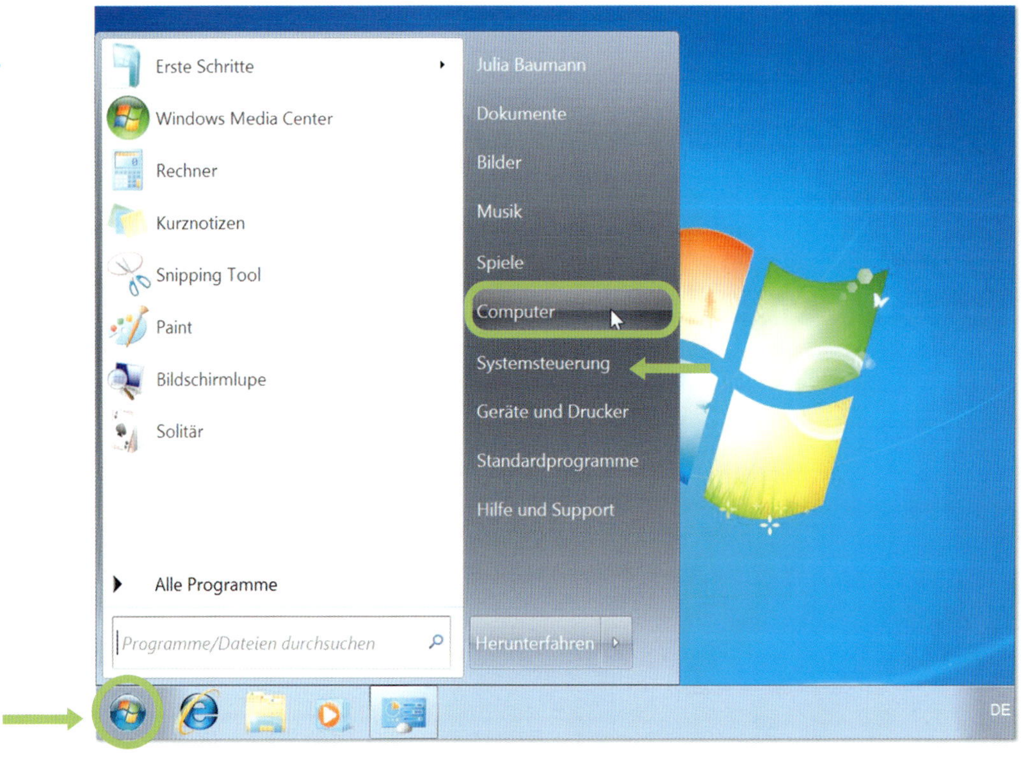

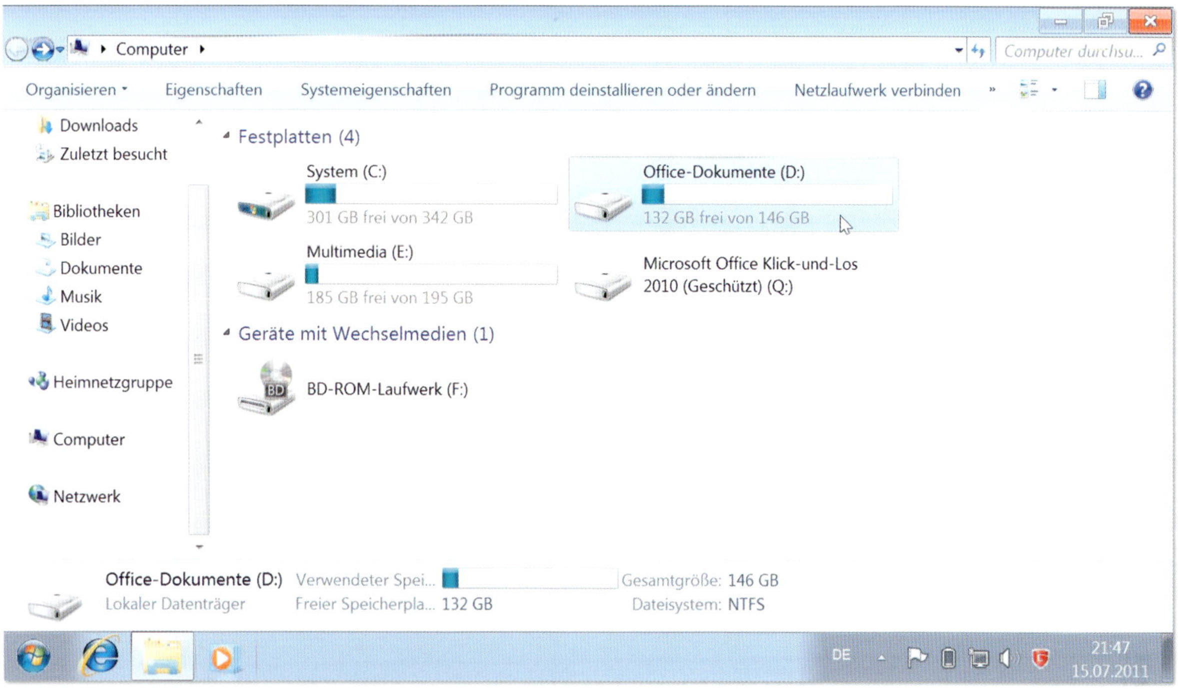

Im Fenster „Computer“ finden Sie Ihre **„Festplatten“** und **„Geräte mit Wechselmedien“** wie CDs oder DVDs. Klicken Sie auf einen Eintrag, um die **Verzeichnisstruktur** zu sehen.

Was ist auf dem Datenträger?

Um zu sehen, was sich auf dem Datenträger, egal ob Festplatte, CD oder USB-Stick, befindet, führen Sie einen Doppelklick auf dem entsprechenden Eintrag aus. Schon wird Ihnen eine Ordnerstruktur in der rechten Spalte angezeigt. In der linken Spalte sehen Sie den Eintrag „Computer“ markiert. Doppelklicken Sie nun auf einen Eintrag unter „Name“, um einen Ordner bzw. ein Verzeichnis zu öffnen. Nun werden Ihnen weitere Verzeichnisse oder auch Dateien angezeigt. Bekannte Dateien, z. B. ein Word-Dokument, werden, sofern ein passendes Programm installiert ist, mit einem entsprechenden Symbol angezeigt. So erkennen Sie mit etwas Übung schnell, welche Art von Datei Sie in dem geöffneten Verzeichnis finden. Um eine Datei zu öffnen, doppelklicken Sie auf den Verzeichniseintrag.

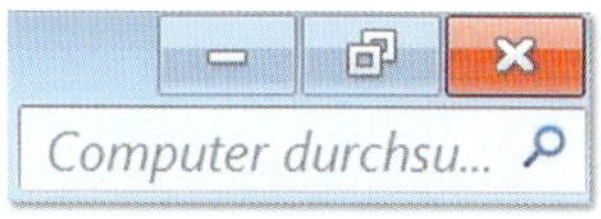

Suchen Sie nach Dateien, indem Sie neben der Adressleiste einfach einen Suchbegriff eingeben.

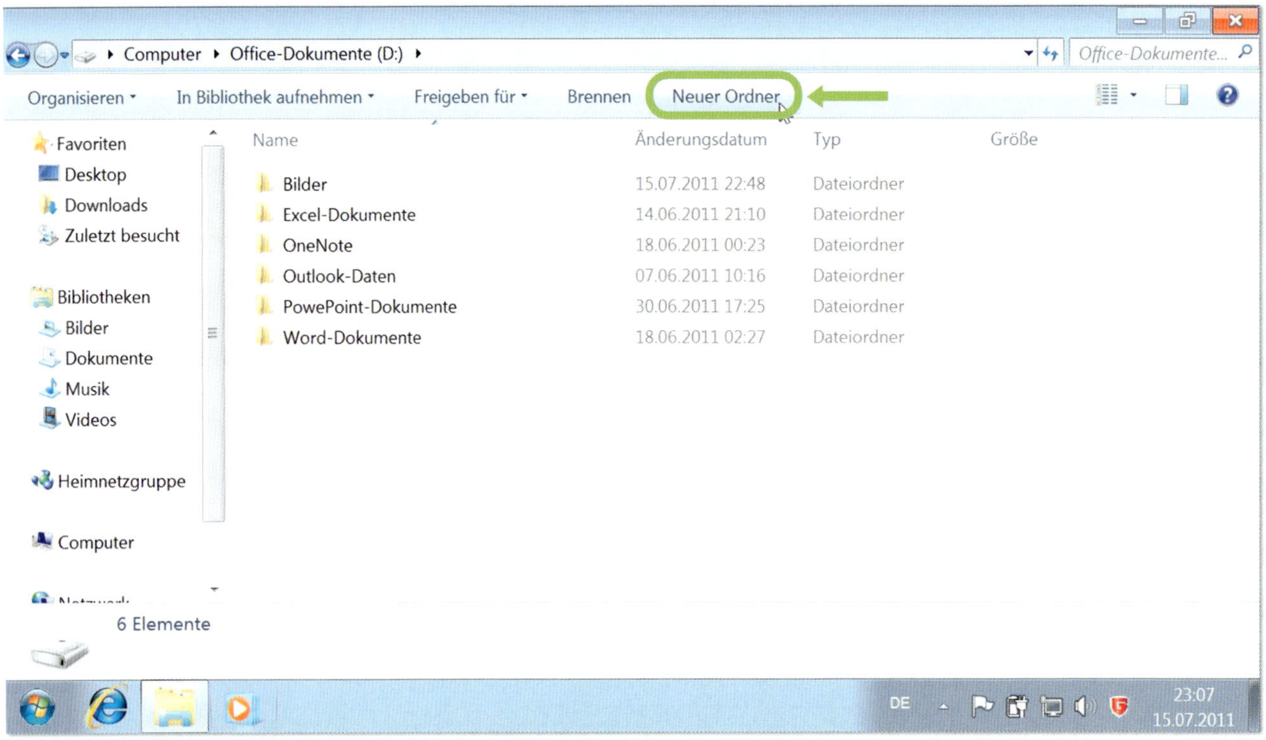

Erstellen Sie einen neuen Ordner über diese Schaltfläche.

Wie lege ich einen Ordner an?

In einem Ordner (= Verzeichnis) werden die Dateien abgelegt. Um Daten alphabetisch zu sortieren, klicken Sie einfach auf den Eintrag „Name“ über dem Dateinamen. Wollen Sie die Daten nach Datum sortieren, klicken Sie einfach auf „Änderungsdatum“.

Sie können ganz leicht verschiedene Dateien, wie z. B. Fotos oder Word-Dokumente, in einem übersichtlichen Ordner anlegen. Wenn Sie z. B. Fotos in einen bestimmten Ordner kopieren möchten, dann legen Sie zunächst einen Ordner an, z. B. auf Laufwerk „E:“. Doppelklicken Sie auf das Laufwerk unter „Computer“ und klicken Sie auf die Schaltfläche „Neuer Ordner“. Schon wird ein neues Verzeichnis/Ordner angezeigt, dem Sie über die Tastatur einen neuen Namen geben können. Haben Sie sich bei der Eingabe des Ordnernamens vertippt – kein Problem. Markieren Sie einfach den Ordner mit dem Mauszeiger und drücken Sie die F2-Taste. Schon können Sie den Namen über die Tastatur korrigieren oder neu eingeben. Auf die gleiche Weise können Sie Dateien umbenennen.

Wie kopiere ich eine Datei?

Dateien lassen sich auf mehrere Weisen kopieren, verschieben oder löschen: Sehr einfach geht das, wenn Sie zwei Computer-Fenster öffnen und nebeneinander platzieren. Öffnen Sie in dem einen Fenster den Quellordner, im anderen den Zielordner. Ergreifen Sie nun eine Datei mit dem Mauszeiger (linke Maustaste gedrückt halten), drücken Sie parallel auf die Strg-Taste, ziehen Sie die Datei in das neue Fenster und lassen Sie die Maustaste los. Die Datei befindet sich nun in beiden Verzeichnissen.

Wenn Sie ein **zweites Fenster öffnen** wollen, gehen Sie analog vor, wie beim Öffnen des ersten Fensters.

Kopieren Sie Daten einfach per **Drag-and-Drop**, d. h. erfassen und verschieben Sie Daten mit dem **Mauszeiger**.

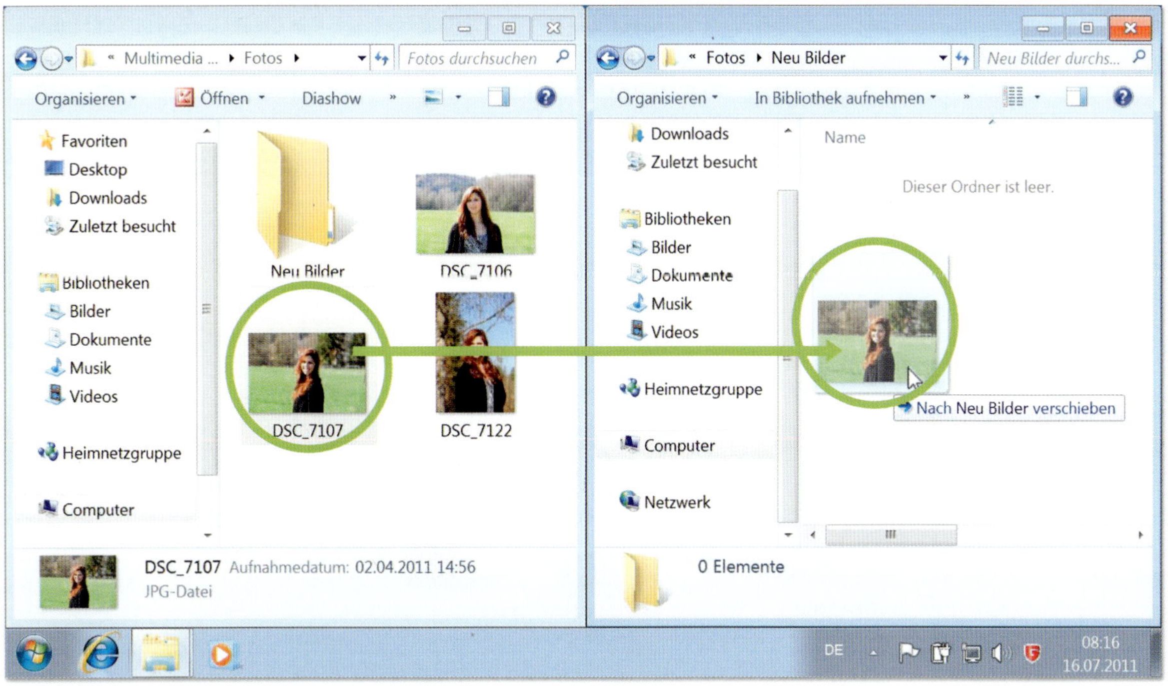

Wie kann ich eine Datei verschieben?

Um eine Datei zu verschieben, gehen Sie wie beim Kopieren vor – allerdings müssen Sie beim Verschieben die Shift-Taste gedrückt halten. Ebenso können Sie eine Verknüpfung erstellen, indem Sie beim Verschieben einer Datei per Drag-and-Drop die Alt-Taste gedrückt halten.

Was ist eine Verknüpfung?

Wenn Sie einen Ordner oder eine Datei kopieren oder verschieben, wird der komplette Inhalt von A nach B kopiert bzw. verschoben, d. h., die Daten belegen entsprechend ihrer Größe Speicherplatz. Deutlich weniger Platz braucht eine Verknüpfung, denn sie speichert nur den Speicherort der Datei. Haben Sie also eine Datei in Ordner A und eine Verknüpfung in Ordner B, wird beim Anklicken der Verknüpfung die Datei in Ordner A geöffnet.

Verknüpfungen werden mit einem Pfeil gekennzeichnet und benötigen weniger Speicherplatz als die **Originaldatei**.

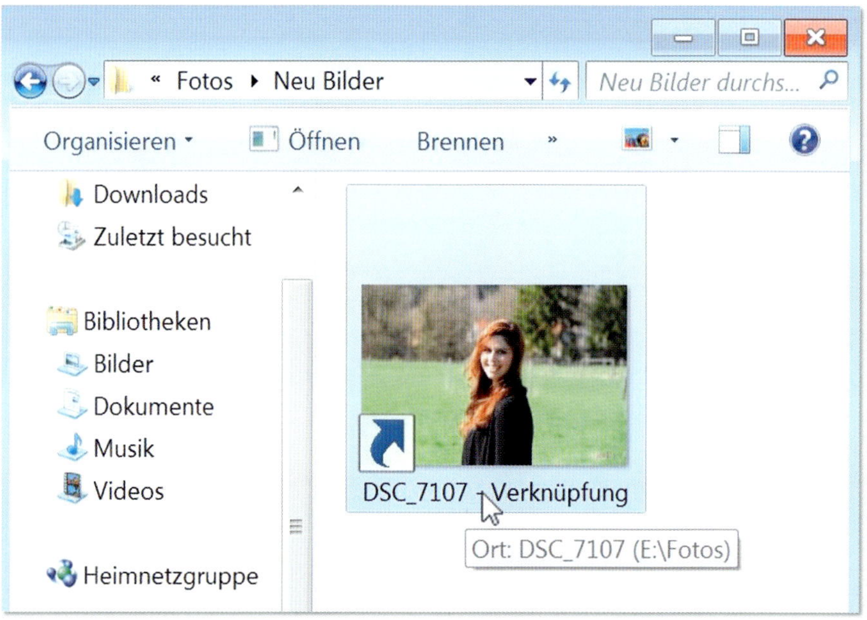

Gibt es auch eine Tastenkombination zum Kopieren?

Daten und Ordner können auch einfach mit einer Tastenkombination kopiert oder verschoben werden. Markieren Sie eine oder mehrere Dateien oder Ordner im Quelllaufwerk. Klicken Sie dafür die Datei an. Wollen Sie mehrere Dateien auswählen, drücken Sie beim Markieren die Strg-Taste. Wollen Sie fortlaufende Dateien markieren, klicken Sie die erste und die letzte Datei an und halten Sie dabei die Shift-Taste gedrückt. Die markierten Objekte lassen sich nun mit einer Tastenkombination kopieren (Strg + C) oder verschieben (Strg + X). Um die Daten anschließend in einen neuen Ordner einzufügen, klicken Sie in denselben und drücken Sie die Tastenkombination Strg + V.

Bilder, Texte, Dateien und andere Objekte können mit verschiedenen **Tastenkombinationen** kopiert, ausgeschnitten und wieder eingefügt werden.

Tastenkombinationen:

Strg + C: Markierte Dateien oder Ordner in die Zwischenablage kopieren.

Strg + X: Markierte Dateien oder Ordner ausschneiden, sie werden im aktuellen Ordner gelöscht.

Strg + V: Kopierte oder ausgeschnittene Dateien oder Ordner einfügen.

Tipp: Mit diesen Tastenkombinationen können Sie nicht nur Ordner und Dateien bewegen, sondern auch markierte Texte in einem Word-Dokument oder andere Objekte in den verschiedenen Windows-Programmen.

Kann ich Dateien löschen?

Dateien lassen sich einfach löschen. Allerdings gibt es auch dafür mehrere Möglichkeiten. Sie können z. B. markierte Objekte, Dateien oder Ordner durch Drücken der Entf-Taste (Entfernen) auf Ihrer Tastatur löschen. Bevor die Daten gelöscht werden, fragt Windows in einem Dialogfenster, ob Sie die Daten wirklich löschen bzw. „in den Papierkorb verschieben" möchten. Bestätigen Sie die Löschung mit einem Klick (linke Maustaste) auf die Schaltfläche „Ja". Alternativ können Sie eine Datei aber auch über den Eintrag „Löschen" im Kontextmenü löschen. Das Kontextmenü können Sie entweder mit der rechten Maustaste oder mit der Kontextmenütaste (neben der rechten Strg-Taste) auf Ihrer Tastatur öffnen.

Wenn Sie eine Datei löschen, erscheint diese **Sicherheitsabfrage**.

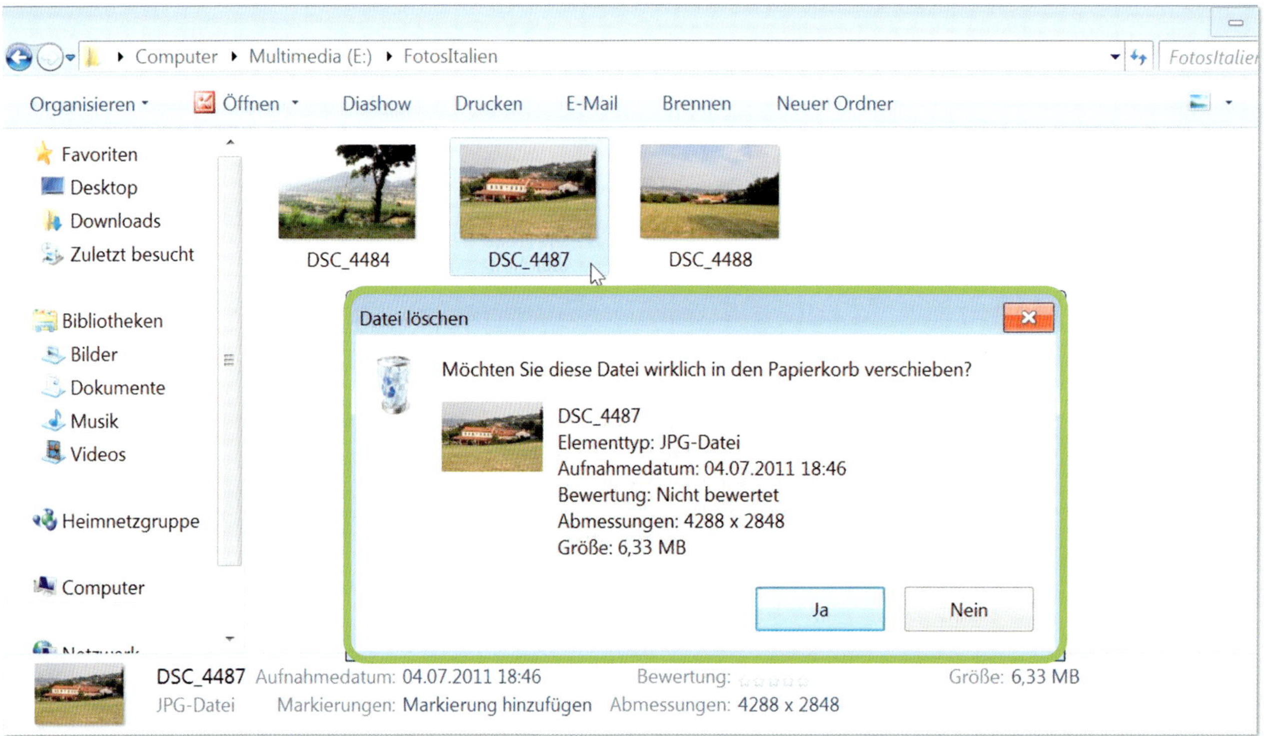

Lassen sich gelöschte Dateien wiederherstellen?

Ja. Denn Windows hat ein kleines Sicherheitssystem eingebaut und löscht die Dateien nicht sofort, sondern verschiebt diese zunächst in den virtuellen Papierkorb, den Sie auf Ihrem Desktop finden. Von hier aus können Sie Daten auch schnell wiederherstellen, wenn Sie versehentlich eine Datei zu schnell gelöscht haben. Öffnen Sie dazu den Papierkorb mit einem Doppelklick und wählen Sie die Datei aus, die Sie wiederherstellen möchten. Im Kontextmenü der Datei finden Sie den Eintrag „Wiederherstellen“. Um die Daten endgültig zu löschen, müssen Sie im Kontextmenü des Papierkorbs von Zeit zu Zeit auf „Papierkorb leeren“ klicken, denn ein voller Papierkorb benötigt Speicherplatz.

So sieht ein **leerer Papierkorb** auf dem Desktop aus.

Wenn Sie Daten **gelöscht** haben, wird das durch Papierschnipsel im **Papierkorb** angezeigt.

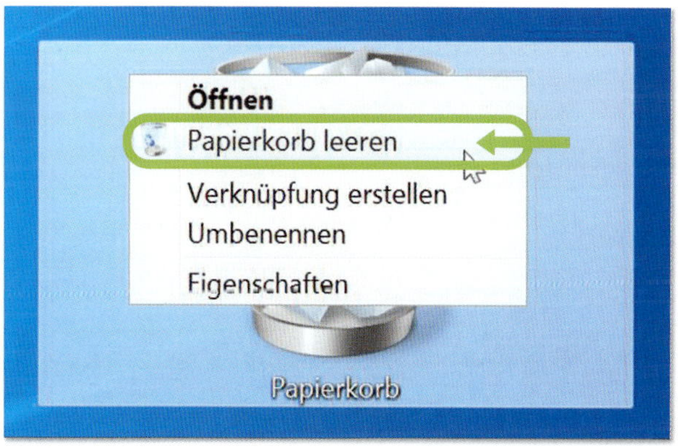

Löschen Sie den Papierkorb, indem Sie im **Kontextmenü** auf den hier markierten Eintrag klicken und die **Sicherheitsabfrage** bestätigen.

Tipp: Wenn Sie den Umweg über den Papierkorb beim Löschen vermeiden wollen, dann drücken Sie parallel zur Entf-Taste die Shift-Taste.

Wichtig zu wissen

Im **Detailbereich** finden Sie neben dem **Dateiformat** (Beispiel JPG) noch viele weitere Informationen zu einer Datei, z. B. die **Dateigröße**, den benötigten **Speicherplatz** und mehr.

Windows 7 arbeitet mit verschiedenen Dateiformaten, z. B. gibt es unterschiedliche Formate für Bild-, Musik- oder Textdateien. Welches Format eine Datei hat, wird Ihnen im Detailbereich, der unteren Leiste in einem Verzeichnisfenster, angezeigt, wenn die Datei markiert ist. So wissen Sie schnell, mit welchem Programm diese Datei geöffnet werden kann. Die wichtigsten Dateitypen unter Windows zeigen wir Ihnen hier kurz im Überblick:

Dateiendung	Zugehörigkeit
DOC	Textdokument Microsoft Word 2003
DOCX	Textdokument Microsoft Word 2007/2010
EXE	eine ausführbare Programmdatei
HLP	Hilfedatei unter Windows
HTML	Dateiformat für Internetseiten
JPG	komprimierbare Bilddatei
MP3	verbreitetes, komprimierbares Audioformat
PDF	Format zum Dokumentenaustausch von Adobe
TIF	Dateiformat für digitale Bilder
TXT	eine einfache Textdatei
WMV	Videoformat von Microsoft
XLS	Tabellendokument Microsoft Excel 2003
XLSX	Tabellendokument Microsoft Excel 2007/2010

Tastenkürzel unter Windows 7

F1	Hilfe
F2	Ausgewähltes Objekt umbenennen
F3	Suche starten (Datei-Explorer)
Shift + Entf	Datei wird dauerhaft gelöscht (nicht in den Papierkorb verschoben)
Strg + C	Ausgewähltes Objekt kopieren
Strg + V	Ausgewähltes Objekt einfügen
Strg + X	Ausgewähltes Objekt ausschneiden
Windows-Taste (oder: Strg + Esc)	Öffnen des Startmenüs
Windows-Taste + D	Schließt alle offenen Fenster
Windows-Taste + E	Öffnet den Datei-Explorer
Windows-Taste + Leertaste	Alle offenen Fenster werden transparent angezeigt (Aero-Peek-Funktion)
Windows-Taste + ←	Aktives Fenster wird am linken Bildschirmrand ausgerichtet
Windows-Taste + ↑	Maximieren
Windows-Taste + →	Aktives Fenster wird am rechten Bildschirmrand ausgerichtet

Mit **Tastenkombinationen** können Sie viel Zeit sparen und schnell auf bestimmte **Funktionen** zugreifen.

Bürosoftware

Wer einen PC besitzt, der schreibt auch Briefe und nutzt Bürosoftware, sogenannte Office-Programme. Im 3. Kapitel dieses Buchs lernen Sie die Grundfunktionen und den Aufbau von Office 2010 von Microsoft kennen, z. B. wie Sie in der Textverarbeitung Word 2010 Schriftarten und Farben ändern können oder wie sich Bilder und Grafiken einfügen lassen. Werfen Sie einen kurzen Blick auf die Tabellenkalkulation Excel und sortieren Sie Datensätze alphabetisch oder automatisieren Sie die Berechnung von Zahlen.

Bürosoftware wird mitgeliefert

Wer einen Rechner mit Windows 7 kauft, der bekommt in der Regel auch ein kleines Office-Paket, eine Softwaresammlung mit Bürosoftware zur Textverarbeitung, Tabellenkalkulation und mehr, mitgeliefert. Das ist praktisch, denn die meisten PC-Nutzer schreiben gelegentlich einen Brief oder Ähnliches.

Im Gegensatz zum kommerziellen Office-Paket 2010 von Microsoft ist die bei neuen PCs integrierte Version Office Starter 2010 im Funktionsumfang reduziert und mit Werbeeinblendungen versehen. Für die ersten Schritte mit einer Textverarbeitung reicht die Starter-Variante aber durchaus aus. Und stoßen Sie an die Grenzen des Einsteiger-Pakets, können Sie mit wenigen Mausklicks zu einer umfangreicheren, aber auch kostenpflichtigen Version aufrüsten, z. B. zu:

Sie können die **Office-Starter-Version** mit wenigen Mausklicks zu einem vollwertigen **Office-Paket** umwandeln.

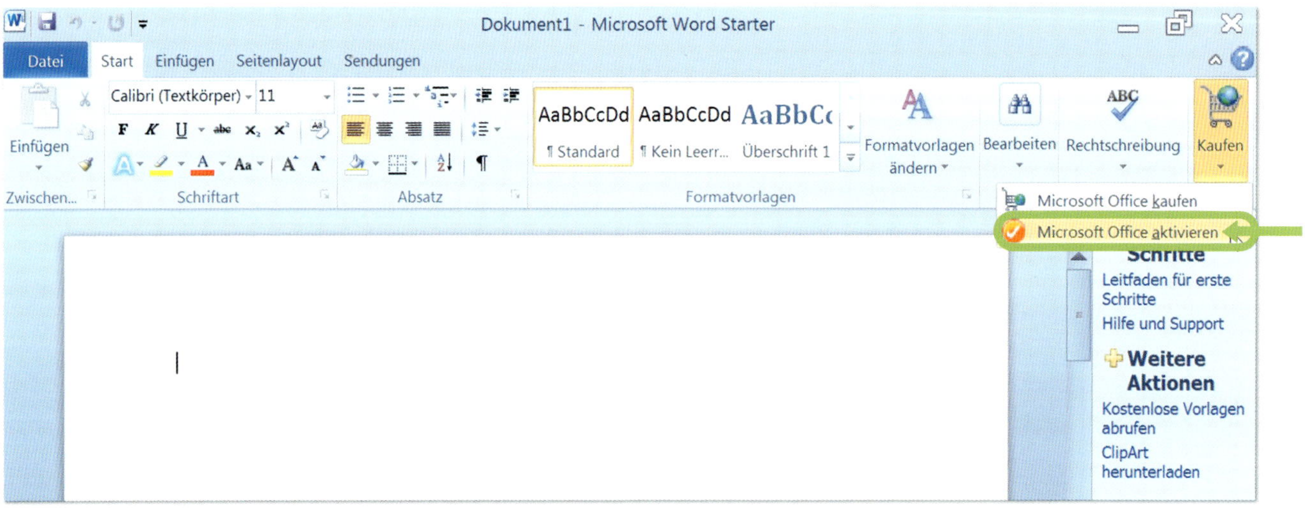

Office Home and Student:
mit Word 2010 (Textverarbeitung), Excel 2010 (Tabellenkalkulation), Power-Point 2010 (Präsentationssoftware), OneNote 2010 (Digitaler Notizblock)

Office Home and Business:
mit Word 2010, Excel 2010, Power-Point 2010, OneNote 2010, Outlook 2010 (E-Mail- und Terminverwaltung)

Office Professional:
mit Word 2010, Excel 2010, Power-Point 2010, OneNote 2010, Outlook 2010, Access 2010 (Datenbank), Publisher 2010 (Desktop-Publishing)

Alternativ zum Onlinekauf können Sie auch eine sogenannte Product Key Card erwerben. Diese ist mit einer Nummer versehen, die Sie beim Wechsel zu einer anderen Version eingeben müssen. So erkennt Microsoft, für welches Produkt Sie sich entschieden haben, und stellt Ihnen die entsprechenden Daten online zur Verfügung.

Das **Office-Paket** von Microsoft ist als Starter-Version bereits bei vielen neuen Rechnern mit im **Lieferumfang**, es kann aber auch mit größerem **Funktionsumfang** gekauft werden.

Sie können einen **Produktschlüssel** (Product Key) erwerben und diesen bei der **Installation** eingeben.

Word 2010 – mehr als eine Schreibmaschine

Ein **Textverarbeitungsprogramm** ist nicht nur für Texte gedacht, sondern kann auch mit Grafiken, Fotos und mehr umgehen.

Word 2010 ist das Textverarbeitungs-Modul von Office 2010, das Sie einfach über „Start-Menü/Programme“ öffnen können. Wählen Sie hier den Ordner Microsoft Office und das entsprechende Symbol. Word ist wie die meisten Office-Programme in verschiedene Bereiche unterteilt, die wir hier kurz erklären:

Nach dem Start von Word öffnet sich das Modul mit einem leeren Dokument, in das Sie sofort etwas eintippen können. Die Eingabe erfolgt an der aktuellen Cursor-Position, der sogenannten Eingabemarkierung, die durch einen blinkenden Balken gekennzeichnet ist. Im oberen Bereich des Fensters finden Sie Registerkarten wie „Start“, „Einfügen“, „Seitenlayout“ usw. Wenn Sie eine dieser Registerkarten anklicken, erscheint darunter das entsprechende Menüband, in dem zur Registerkarte passende Optionen zur Bearbeitung des

Unter den **Registerkarten** finden Sie das **Menüband**, in dem verschiedene Befehle und **Formatierungsmöglichkeiten** hinterlegt sind.

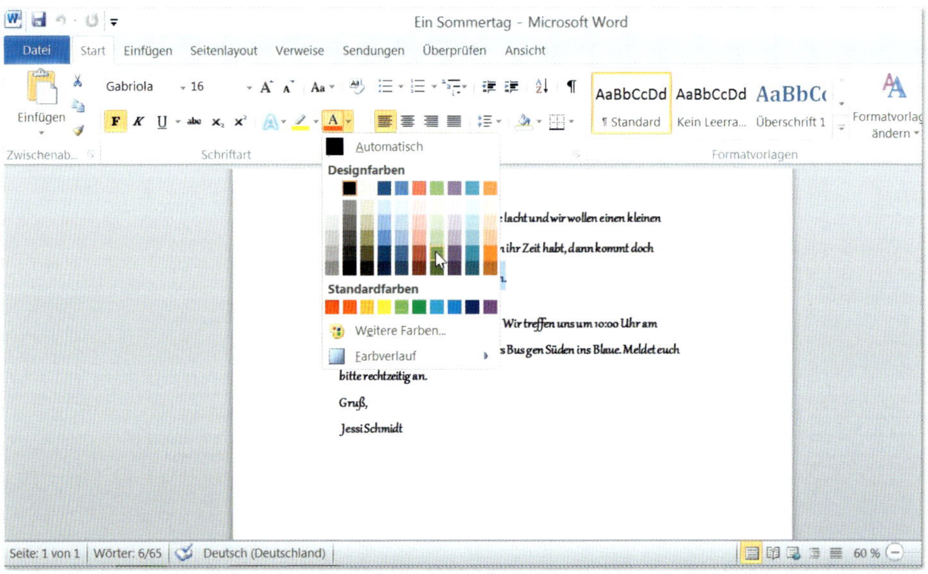

Dokuments hinterlegt sind, z. B. Funktionen wie Anpassen der Textfarbe, der Schriftart o. ä. Unter dem Menüband steht die Seite, die Sie beschreiben und gestalten können. Darunter befindet sich noch eine Informationsleiste, die Sie z. B. über die Seitenanzahl und die Anzahl geschriebener Wörter aufklärt.

Wie öffne ich ein neues Dokument?

Neue Dokumente und noch viel mehr finden Sie in der Backstage-Ansicht, in der Sie verschiedene Befehle finden, mit denen Sie ein Dokument anpassen können. Klicken Sie auf die Registerkarte „Datei“, um dorthin zu gelangen. In der linken Spalte finden Sie Einträge, um z. B. Dokumente zu speichern, Informationen zum aktuell geöffneten Dokument abzufragen oder auch unter „Neu“ ein neues Dokument anzulegen. Wenn Sie auf „Neu“ klicken, ändert sich die mittlere und rechte Spalte. In der mittleren Spalte können Sie mit einem Doppelklick ein neues Dokument oder einen Vorlagenkatalog öffnen, um eine Vorlage zu nutzen.

In der **Backstage-Ansicht** finden Sie unter anderem Funktionen zur **Dokumentenverwaltung**. Öffnen Sie hier z. B. vorhandene Dokumente oder wählen Sie eine **Vorlage** aus.

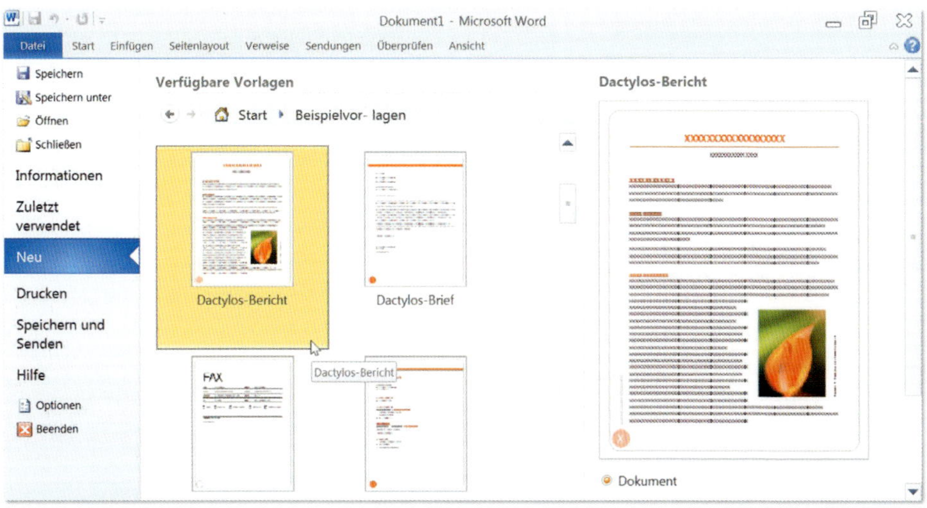

In der **Backstage-Ansicht** können Sie ein leeres Dokument, eine Vorlage oder andere Dokumente öffnen.

Kann ich ein Dokument verändern?

Passen Sie die Grundeinstellungen für Ihr **Word-Layout** im Menüband unter **„Seitenlayout“** an.

Sie können eine Vorlage oder ein leeres Dokument nach Ihren Vorstellungen verändern, z. B. hinsichtlich der Seitenränder, d. h. in welchem Abstand zum Seitenrand der Text platziert wird. Öffnen Sie zum Anpassen dieser Parameter die Registerkarte „Seitenlayout“. Hier können Sie z. B. mit der Schaltfläche „Seitenränder“ eine Auswahl oder mit einem Klick auf den Eintrag „Benutzerdefinierte Seitenränder ...“ ein Dialogfenster öffnen, in dem Sie die Seitenränder in Zentimetern frei definieren können. Außerdem können Sie hier die Ausrichtung Ihres Word-Dokuments mit einem Klick auf „Hochformat“ bzw. „Querformat“ bestimmen.

Die **„Seitenränder“** eines Dokuments lassen sich im **Menüband „Seitenlayout“** festlegen.

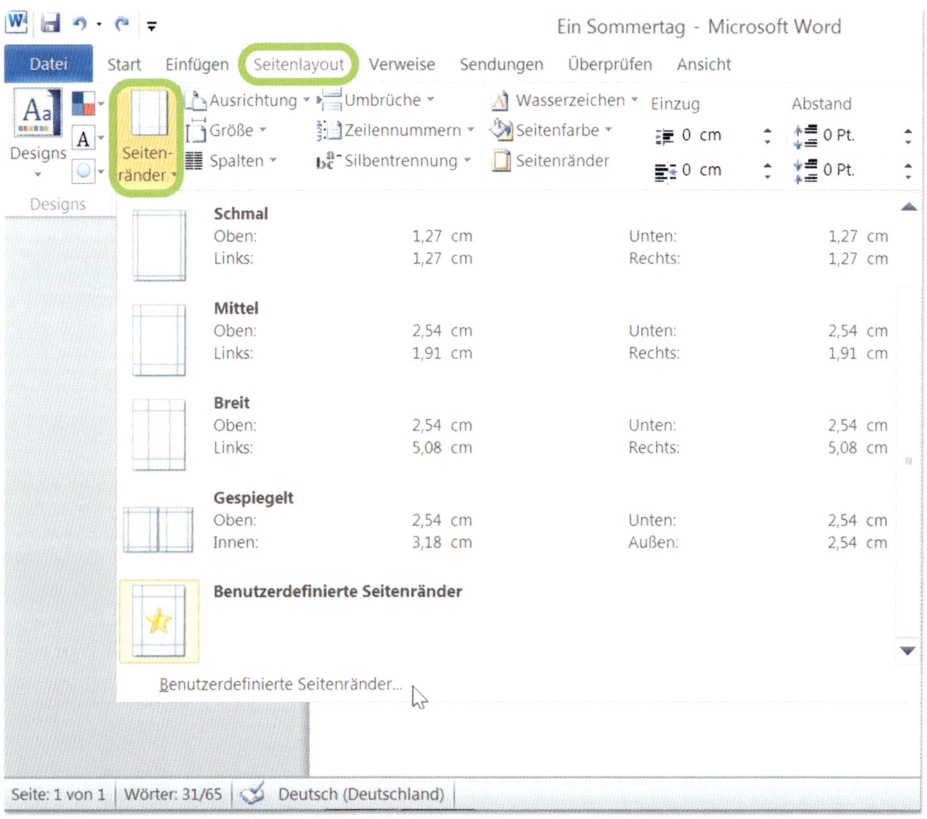

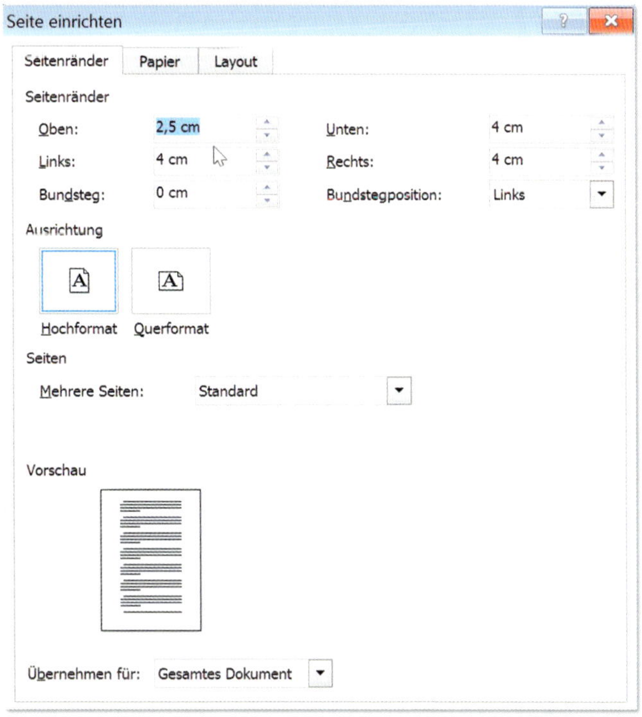

In einem **Dialogfenster** wie diesem können Sie verschiedene Parameter für ein Dokument verändern.

Tipp: Spätestens, wenn Sie ein Dokument eingerichtet haben, sollten Sie es speichern. Dazu wählen Sie einfach in der Backstage-Ansicht (Registerkarte „Start") den Eintrag „Speichern" bzw. „Speichern unter" aus. Geben Sie dem Dokument im folgenden Dialogfenster unter „Dateinamen" einen eindeutigen Namen, z. B. „Geburtstagseinladung 2011", wenn es sich um ein Dokument mit entsprechendem Inhalt handelt. Wählen Sie in der linken Spalte einen passenden Ordner aus und bestätigen Sie die Speicherung mit einem Klick auf die OK-Taste.

Wer **eindeutige Dateinamen** verwendet, der findet seine Daten schneller wieder.

Speichern Sie das Dokument auch während der Bearbeitung regelmäßig ab. Am schnellsten geht das mit der Tastenkombination Strg + S.

Wie wird die Schriftart angepasst?

Wenn Sie eine Vorlage geöffnet haben, dann können Sie über die Tastatur an der aktuellen Cursor-Position (blinkender Balken) Texte, Zahlen und mehr eingeben. Tippen Sie einfach mal drauf los, um ein Gefühl für das Schreiben zu bekommen.

Gefällt Ihnen die Textart, -größe oder -farbe nicht, dann ändern Sie diese. Aktivieren Sie dafür die Registerkarte „Start". Im dazugehörigen Menüband finden Sie die entsprechenden Befehle und können z. B. über das Pull-down-Menü (Aufklapp-Menü) „Schriftart" eine bestimmte Schriftart auswählen. Das Pull-down-Menü können Sie mit einem Klick auf das Dreieck neben der aktiven Schriftart öffnen und eine neue Schrift mit dem Mauszeiger auswählen (anklicken). Die Änderung der Schriftart wird für die aktuelle Cursor-Position übernommen und gilt somit für alles, was Sie ab der Änderung schreiben.

Öffnen Sie dieses **Pull-down-Menü**, um die **Schriftart** zu verändern.

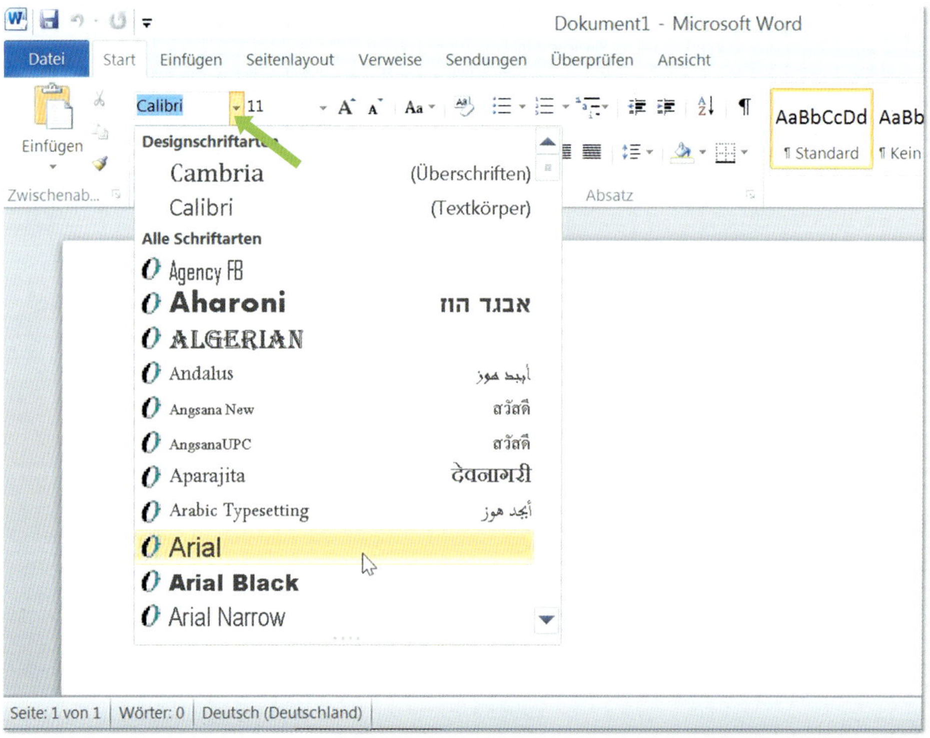

Lässt sich ein vorhandener Text anpassen?

Um einen bestehenden Text zu verändern, müssen Sie diesen markieren – entweder mit der Maus oder der Tastatur.

Markieren mit der Maus:
Fahren Sie mit dem Mauszeiger an den Anfang oder das Ende des Textabschnitts, den Sie markieren möchten. Halten Sie die linke Maustaste gedrückt, fahren Sie den Text ab, der markiert werden soll und lassen Sie die Taste am Ende los. Der Text sollte nun farbig hinterlegt sein.

Markieren mit der Tastatur:
Nutzen Sie die Tasten, um Textteile oder ganze Texte zu markieren. Setzen Sie den Cursor mit dem Mauszeiger an den Anfang oder das Ende des Abschnitts, der markiert werden soll. Fahren Sie mit dem Mauszeiger an die entsprechende Stelle und drücken Sie die linke Maustaste. Halten Sie nun die Shift-Taste gedrückt und markieren Sie den Text mit den Pfeil-, den Bild ↑/↓- oder Pos1- bzw. Ende-Tasten. Ist der Text farbig hinterlegt, wurde er markiert und Sie können die Shift-Taste loslassen.

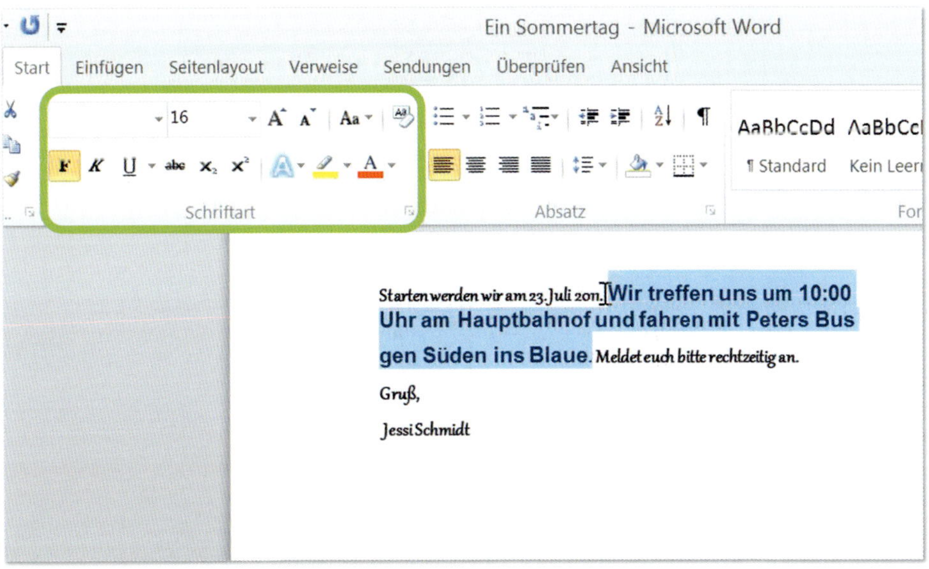

Markierte Texte können Sie z. B. in der Schriftart verändern.

Wie kann ich Absätze formatieren?

Im Menüband „Start“ finden Sie verschiedene Möglichkeiten, Absätze zu formatieren. Schauen Sie sich die Funktionen im Abschnitt „Absatz“ an. Hier können Sie mit einem Mausklick einen markierten Bereich z. B. linksbündig ausrichten, zentrieren, rechtsbündig ausrichten oder als Blocksatz formatieren.

Alternativ zur manuellen Anpassung von Schriftart, Farben und mehr können Sie auch eine Formatvorlage für einen markierten Textbereich übernehmen. Wenn Sie Formatierungen öfter nutzen und keine passende Formatvorlage finden, ist es ratsam, sich eine zu erstellen. Dafür formatieren Sie einen Text nach Ihren Wünschen und öffnen das Pull-down-Menü unter „Formatvorlagen“. Klicken Sie hier auf den Eintrag „Auswahl als schnelle Formatvorlage speichern“.

Absätze können Sie im Menüband **„Start“** anpassen oder hier eine **Formatvorlage** auswählen.

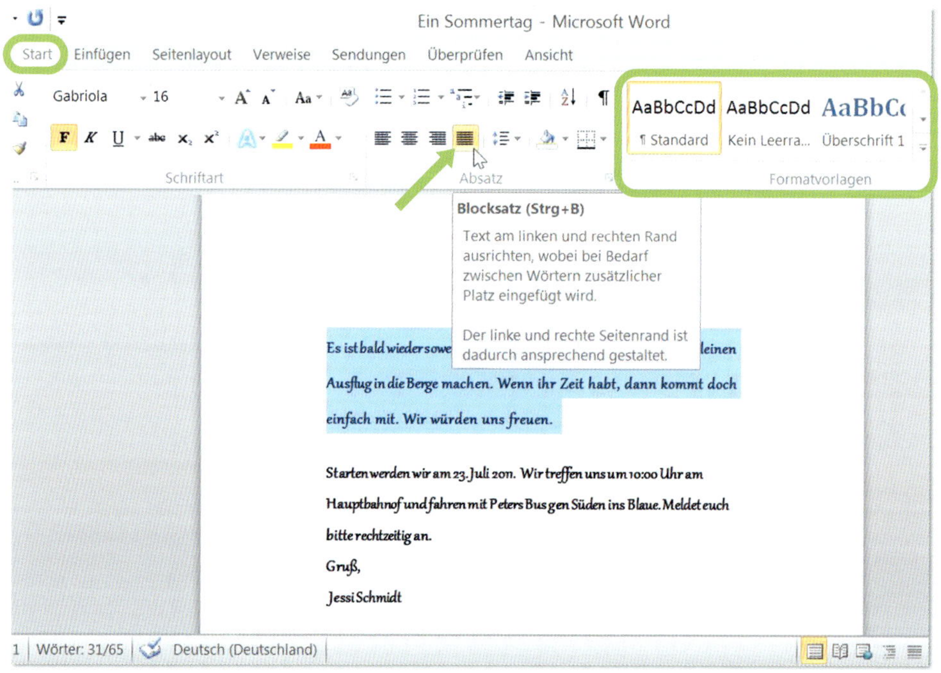

Gibt es weitere Möglichkeiten?

Wie in vielen Abschnitten eines Menübands gibt es auch unter „Absatz“ weitere versteckte Optionen. Klicken Sie auf den im rechten unteren Eck eines Abschnitts angezeigten Pfeil, um ein Dialogfenster zu öffnen. Unter „Absatz“ öffnen Sie das gleichnamige Dialogfenster, in dem Sie unter anderem die Ausrichtung eines markierten Textes bestimmen können.

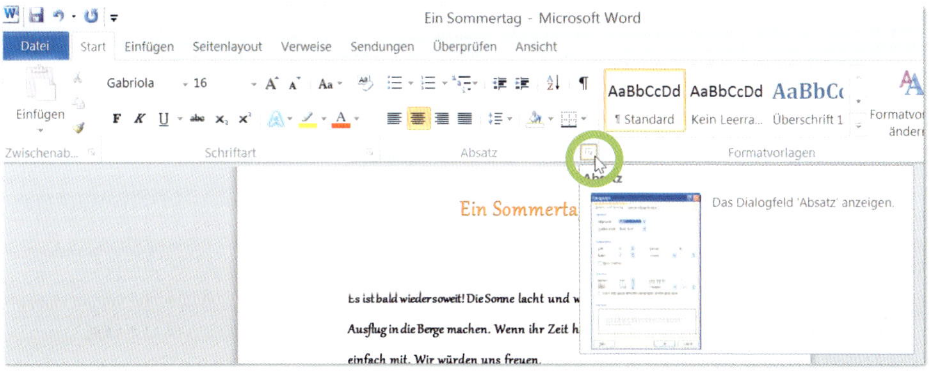

Öffnen Sie weitere Optionen im **Menüband** mit einem Klick auf diese **Pfeiltaste**.

Außerdem können Sie hier den Einzug eines markierten Textes festlegen, sodass er sich für diesen Teil von den allgemeinen Einstellungen des Seitenrands, den Sie unter der Registerkarte „Seitenlayout“ festlegen können, unterscheidet. So können Sie bestimmte Texte einfach hervorheben.

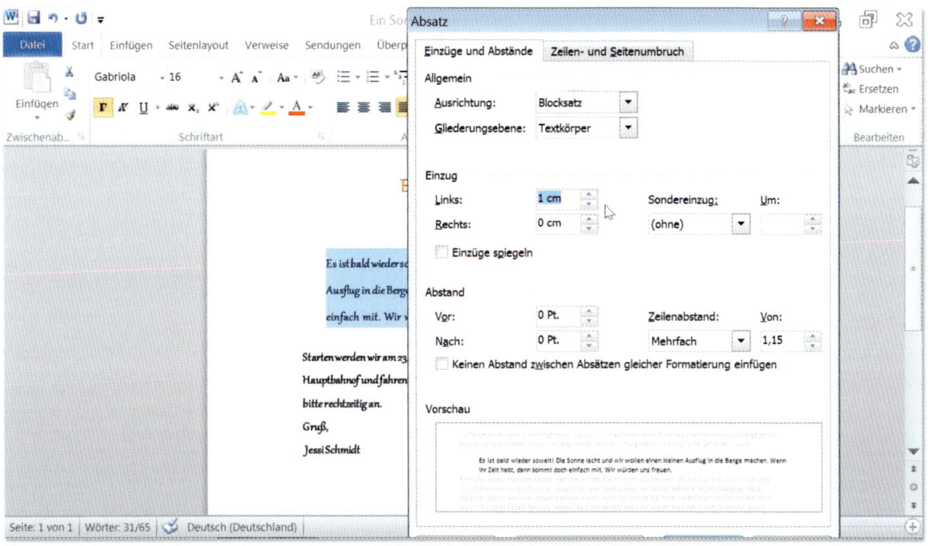

In dem Dialogfenster **„Absatz“** können Sie viele weitere Parameter für einen **markierten Text** verändern, z. B. den **Einzug**.

Lassen sich Bilder einfügen?

Sie können in Word- und anderen Office-Dokumenten nicht nur Bilder einfügen, sondern auch Tabellen, Grafiken oder Formen.

Klicken Sie z. B. auf die Schaltfläche „Grafik“, um aus einem Ordner ein Bild auszuwählen und mit einem Doppelklick in Ihr Dokument zu übernehmen. Die eingefügte Grafik ist nun von einem Rahmen mit mehreren Punkten, den sogenannten Anfassern, umgeben. Erfassen Sie einen der Punkte, um die Größe der Grafik anzupassen. Fahren Sie mit dem Mauszeiger z. B. in die obere rechte Ecke und der Mauszeiger verwandelt sich in einen Doppelpfeil. Drücken Sie nun die linke Maustaste und verschieben Sie die Maus. Das Bild ändert die Größe proportional. Ist die gewünschte Größe erreicht, lassen Sie die Maustaste los. Wählen Sie einen Anfasser in der Mitte einer Seitenlinie und das Bild wird gestaucht. Alternativ können Sie auch im Kontextmenü (rechte Maustaste) ein Dialogfenster („Größe und Position ...“) aufrufen, um die Größe anzupassen. Außerdem finden Sie hier viele weitere Optionen, um eine Grafik zu bearbeiten.

Unter der **Registerkarte „Einfügen“** finden Sie verschiedene Schaltflächen, über die Sie Grafiken, ClipArts oder auch Formen in Ihr **Word-Dokument** einfügen können.

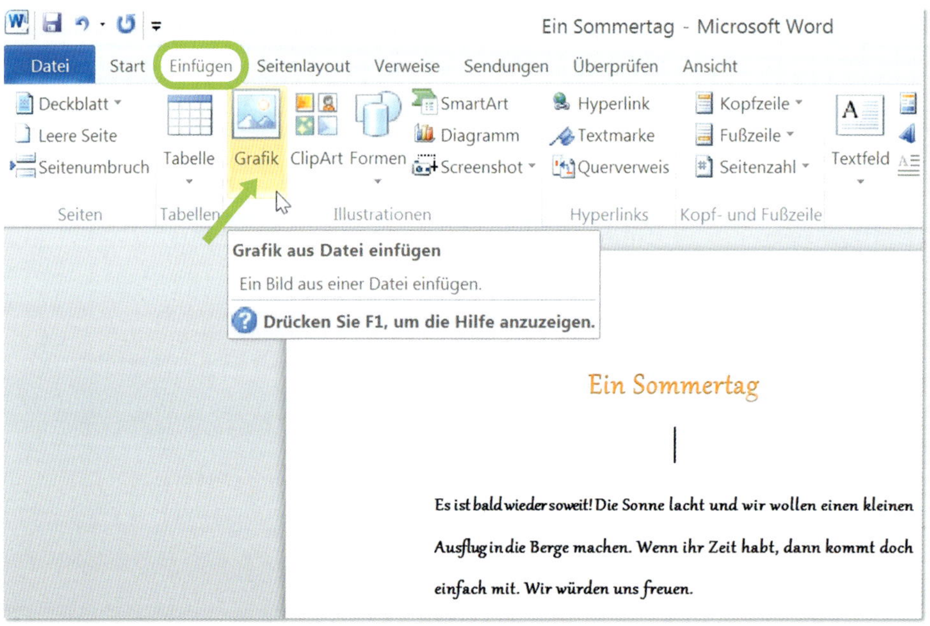

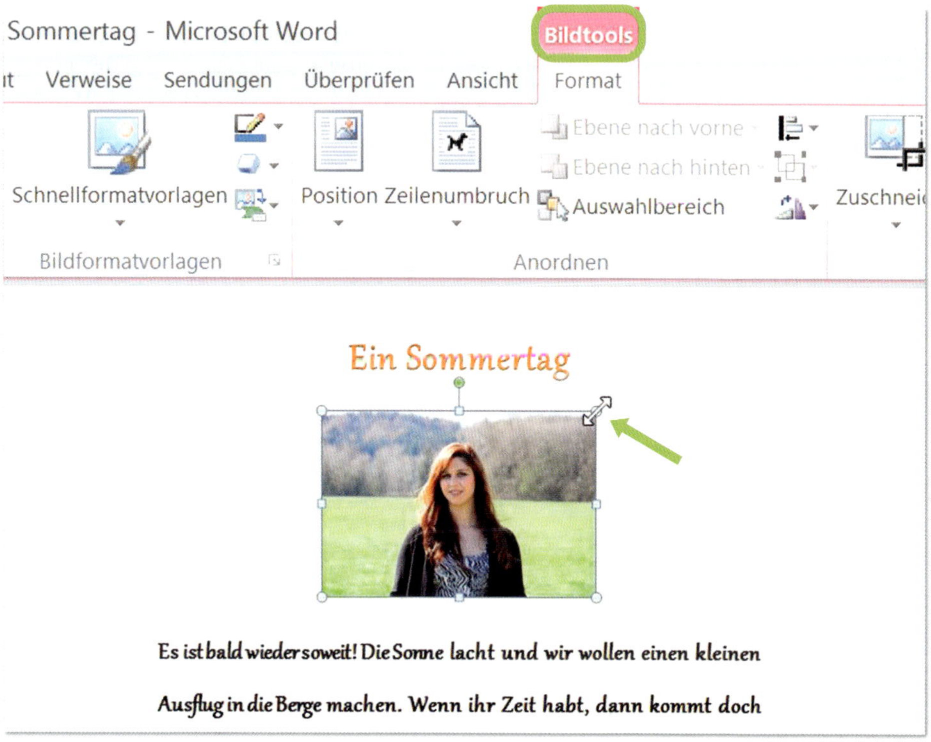

Erfassen Sie eine **Grafik** an den Ecken, um durch Ziehen der **Anfasser** die Größe zu ändern.

Wenn Sie ein Bild markiert haben, erscheint eine neue Registerkarte, die den Zugriff auf ein **Menüband** mit verschiedenen **Bildbearbeitungsoptionen** erlaubt.

Tastenkombinationen können auch den Umgang mit Word und anderen Programmen aus einem Office-Paket erleichtern. Wichtige **Tastenkombinationen** für Office-Programme finden Sie hier:

F1-Taste	Hilfe
Strg+A	Alles auswählen
Strg+C	Markiertes Objekt kopieren (in die Zwischenablage)
Strg+X	Markiertes Objekt ausschneiden (in die Zwischenablage)
Strg+V	Objekt aus der Zwischenablage einfügen

Strg+Z	Schritt rückgängig machen
Strg+P	Dokument drucken
Strg+N	Neues Dokument öffnen
Strg+O	Dokument öffnen
Strg+S	Dokument speichern
Strg+F	Suchen im Dokument
Strg+W	Aktion wiederholen

Drucken: Daten auf Papier

Sie können Ihre Fotos auch direkt aus der Windows Live Fotogalerie ausdrucken, wie auf Seite 82 beschrieben.

Schöne digitale Welt – doch von Zeit zu Zeit möchte man Dokumente auch auf Papier drucken. Wenn Sie einen Drucker installiert und eingeschaltet haben, können Sie u. a. aus Word und Excel Daten ausdrucken. Wechseln Sie dazu in die Backstage-Ansicht unter der Registerkarte „Datei“. Hier finden Sie in der linken Spalte den Eintrag „Drucken“. Klicken Sie diesen an, um das aktuelle Dokument zu drucken. In der mittleren Spalte können Sie nun verschiedene Druckparameter verändern, z. B. unter „Exemplare“ bestimmen, wie oft ein Dokument gedruckt werden soll, oder festlegen, wie viele Dokumenten-Seiten auf eine Druckseite kommen.

Außerdem können Sie hier unter anderem das Papierformat einstellen. Denn nicht alle Ausdrucke werden auf einem DIN-A4-Blatt gedruckt.

Bestimmen Sie in der Backstage-Ansicht die Parameter für einen Ausdruck.

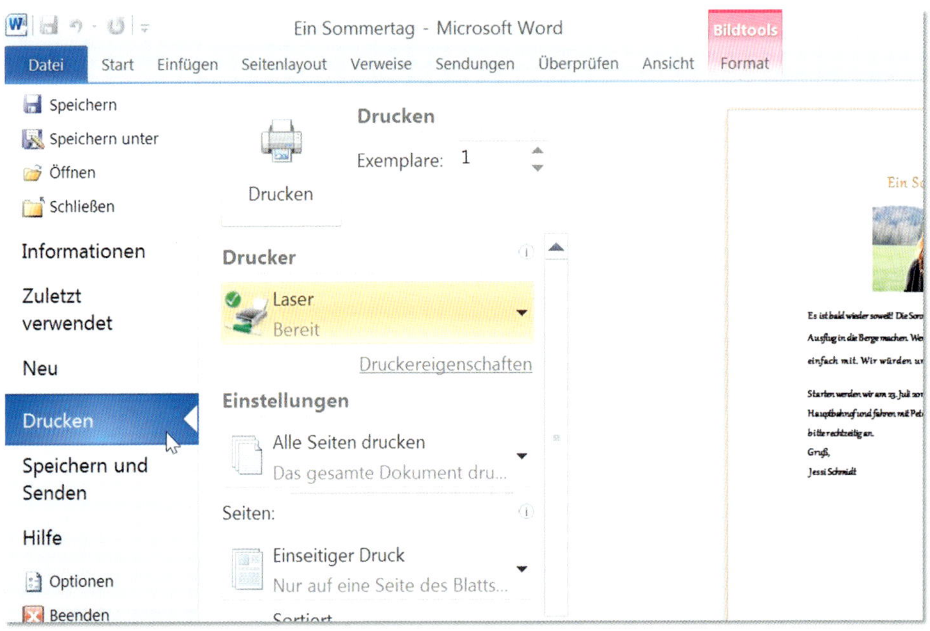

Lässt sich der Ausdruck vorab kontrollieren?

In der rechten Spalte der Druckoptionen in der Backstage-Ansicht wird eine Vorschau angezeigt, durch die Sie ein mögliches Druckergebnis im Vorfeld bewerten können. Passt z. B. die Seitenausrichtung (Hoch-/Querformat) noch nicht, können Sie diese Einstellung in der mittleren Spalte anpassen.

Rechts unter der Vorschau finden Sie eine kleine Schaltfläche, mit der Sie die Seitenränder einblenden und dann mit dem Mauszeiger erfassen und verschieben können. Mit dem Schieberegler links daneben können Sie die Seite größer oder kleiner zoomen.

Um den Ausdruck zu starten, klicken Sie einfach auf die Schaltfläche „Drucken“ in der mittleren Spalte.

Nutzen Sie die rechte **Vorschau**, um einen **Ausdruck** im Vorfeld zu bewerten und gegebenenfalls anzupassen. Dazu können Sie die **Druckparameter** in der mittleren Spalte verändern.

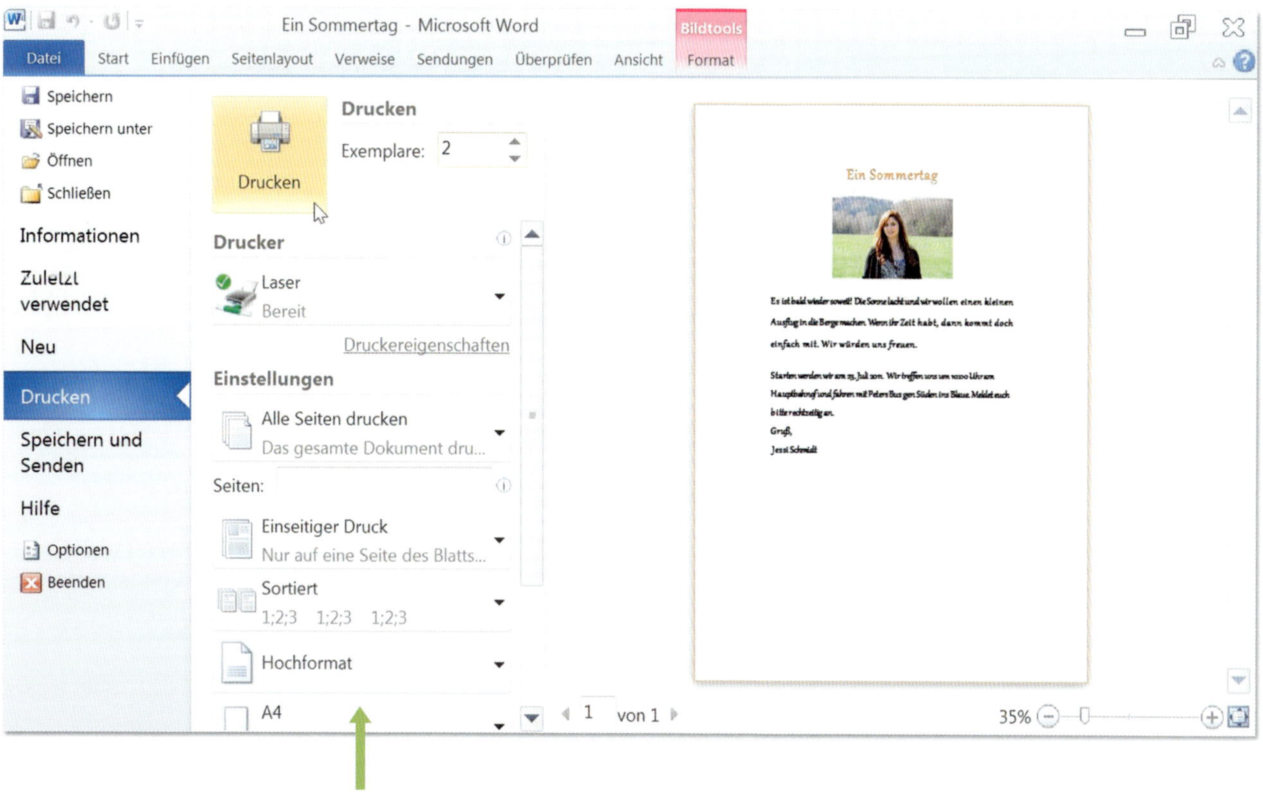

Mit der Tabellenkalkulation Excel 2010 haben Sie Zahlen, Namen und vieles mehr im Griff. Denn mit diesem Programm können Sie z. B. Telefonlisten mit einem Klick alphabetisch sortieren oder Zahlenkolonnen automatisch berechnen lassen. Öffnen Sie zunächst ein Tabellenblatt. Das funktioniert genauso, wie ein Dokument in Word zu öffnen – und auch der Fensteraufbau ist vergleichbar.

Das **Menüband** von **Excel** ist in vielen Punkten mit dem von **Word** identisch.

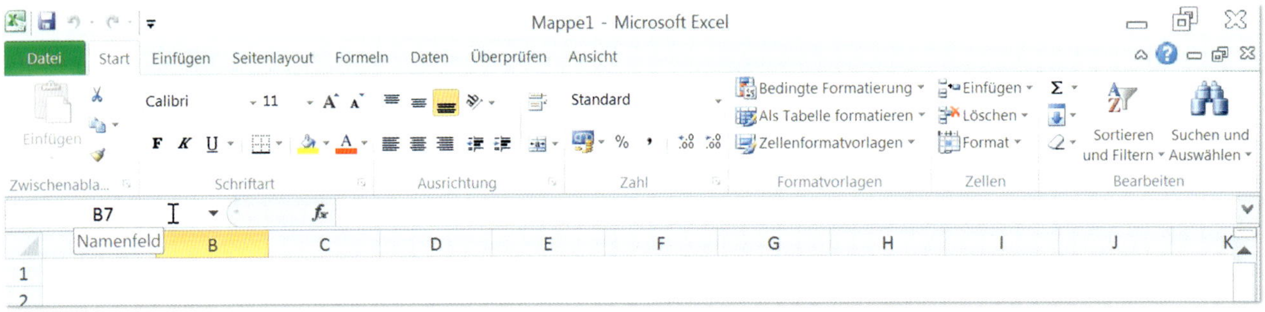

Welchen Namen bekommt eine Zelle?

Ein neues Dokument wird als Tabelle angezeigt, deren einzelne Zellen durch Koordinaten genau benannt sind. Am oberen Rand sehen Sie eine Leiste mit Buchstaben, an der linken Seite eine Spalte mit Zahlen. Wählen Sie z. B. die Spalte „B" und die Zeile „7", dann haben Sie auch schon den Namen für die Zelle im Schnittpunkt dieser beiden Angaben: B7. Dieser Wert wird unter dem Menüband im Namensfeld angezeigt.

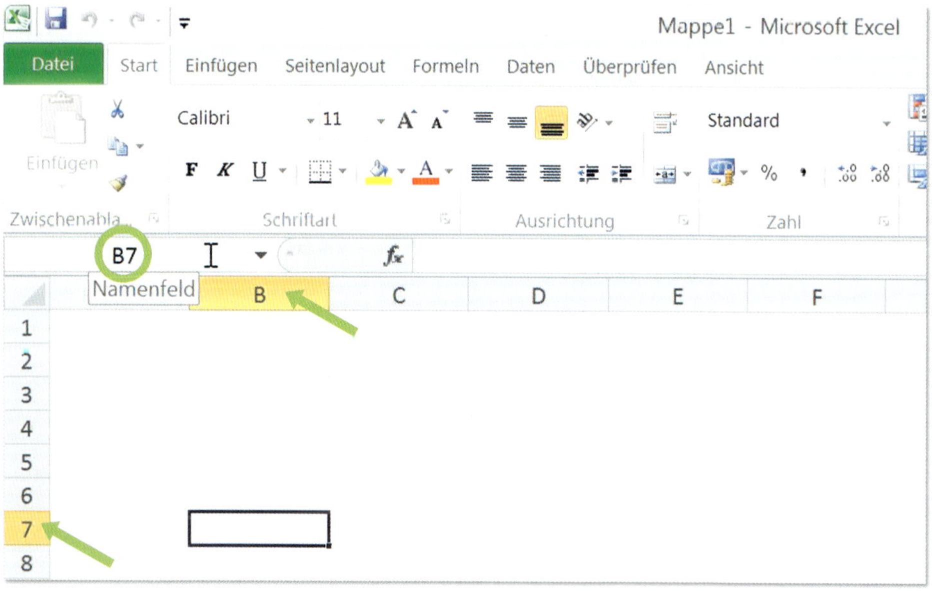

Die **Koordinaten** einer Excel-Tabelle ergeben den Namen einer Zelle. Diese **Zelle** heißt demzufolge „B7".

Wie gebe ich was in eine Zelle ein?

Um eine Zelle zu füllen, klicken Sie diese einfach an. Die aktive Zelle ist dann mit einem etwas dickeren Rahmen markiert. Geben Sie nun Zahlen oder Buchstaben über die Tastatur ein.

Lassen sich Daten sortieren?

Wenn Sie z. B. eine Namensliste haben, dann können Sie diese alphabetisch sortieren. Markieren Sie zunächst die Liste und wechseln Sie zur Registerkarte „Daten". Hier finden Sie das Feld „Sortieren und Filtern". Wenn Sie auf das Symbol „AZ↓" klicken, dann werden die Zellen von A bis Z sortiert. Klicken Sie auf „ZA↓" erfolgt die Sortierung von Z bis A. Zahlen werden mit derselben Schaltfläche auf- bzw. absteigend sortiert.

Markieren Sie mehrere **Zellen**, wenn Sie **Schriftart**, **Farbe** oder mehr gleichzeitig anpassen oder den Zelleninhalt **alphabetisch sortieren** möchten.

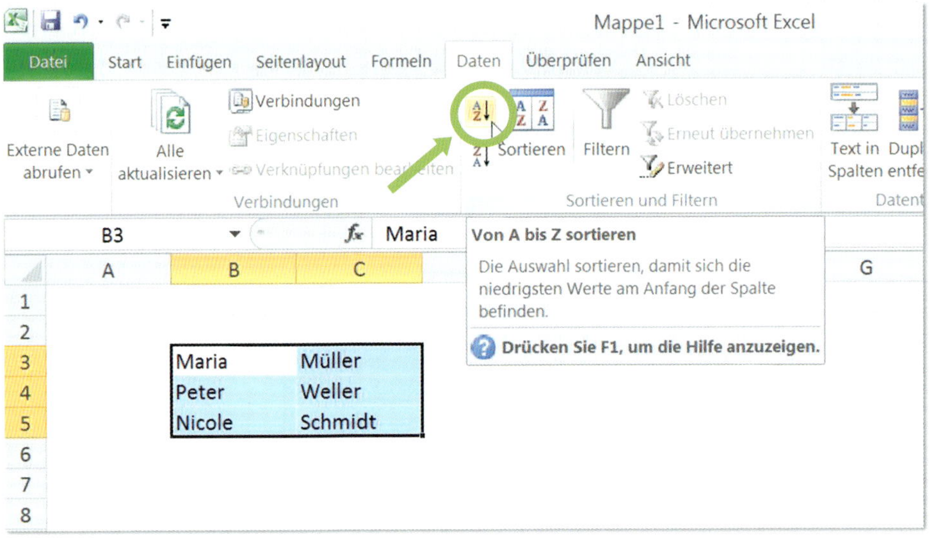

Lassen sich Berechnungen automatisieren?

Mit Excel können Sie nicht nur Tabellen übersichtlich darstellen, sondern auch Zahlen automatisch berechnen lassen, z. B. die Einnahme vom letzten Vereinsfest. Listen Sie dafür die Einnahmen auf und markieren Sie das Feld, in dem das Ergebnis erscheinen soll.

Im Dialogfenster **„Funktion einfügen"** können Sie einer Zelle eine **Funktion** zuweisen.

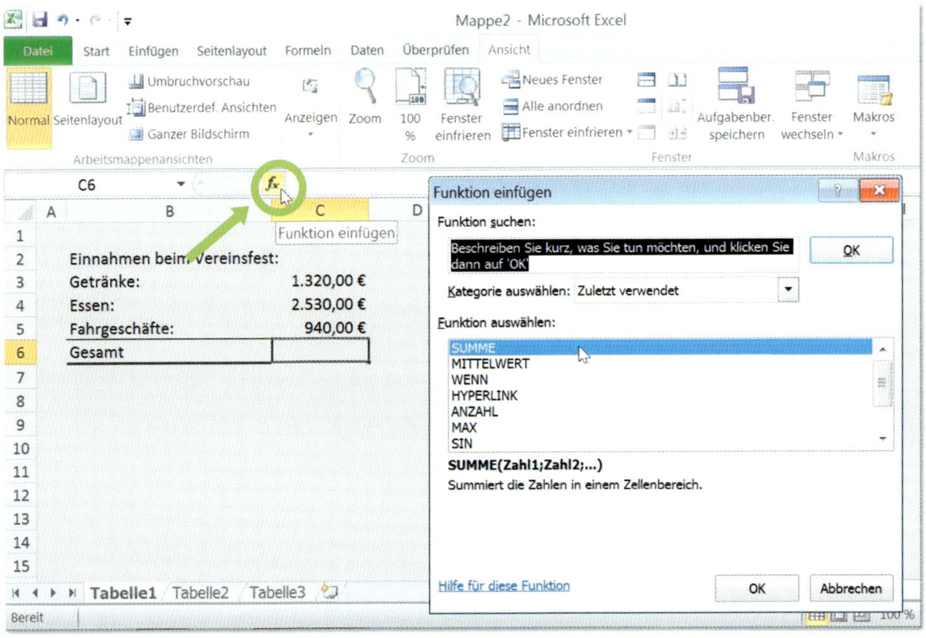

Nun klicken Sie neben dem Namensfeld auf die Schaltfläche „fx“, um das Dialogfenster „Funktion einfügen“ zu öffnen. Hier bekommen Sie eine Auswahl mit Funktionen. Klicken Sie die gewünschte an und es wird eine Beschreibung der Funktion eingeblendet.

Wie addiere ich Zahlen?

Um Zahlen zu addieren, benötigen Sie die Funktion „Summe“. Als Nächstes müssen Sie die Funktion definieren, d. h., Sie müssen die Zellen angeben, die addiert werden sollen, z. B. Zelle C3 bis C5. Für diese Zellenfolge geben Sie „C3:C5“ an. Alternativ können Sie die Zellen auch mit dem Mauszeiger markieren. Soll nun noch die Zelle „C9“ in die Berechnung eingebunden werden, hängen Sie den Zellennamen (C9) einfach getrennt durch ein Apostroph an – oder tragen Sie den Zellennamen unter „Zahl2“ ins Dialogfenster ein.

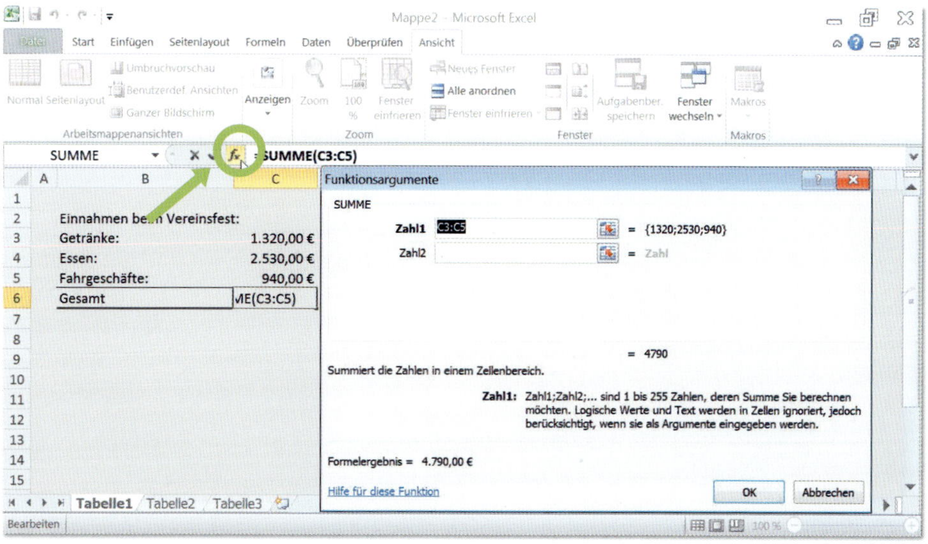

Zahlen lassen sich mit Excel automatisch **zusammenrechnen.**

Multimedia

Gute Unterhaltung! Denn Computer sind nicht nur zum Arbeiten da. Ein moderner PC ist viel mehr als nur eine Schreibmaschine. Lernen Sie auf den nächsten Seiten, wie sich Videos und Musik unter dem Betriebssystem Windows 7 abspielen lassen oder wie Bilder von der Digitalkamera auf den Rechner übertragen werden. Schauen Sie sich außerdem an, wie ein Browser funktioniert, ein Computerprogramm, mit dem Sie Informationen aus dem Internet ansehen können.

Gute Unterhaltung

Computer werden nicht nur zum Schreiben und zur Berechnung von Zahlen genutzt, sondern sind auch hervorragend für Unterhaltungszwecke geeignet. Fotos, Musik und Videos – ein moderner Computer unterstützt diverse Multimediaformate. Windows 7 bringt mit dem „Windows Media Player", den Sie im Start-Menü unter „Alle Programme" finden, eine passende Abspielsoftware für solche Formate mit.

Wie öffne ich eine Musikdatei?

In der linken Spalte des Media Players finden Sie Ordner für Musik, Videos, Bilder und mehr. Öffnen Sie einen der Ordner und doppelklicken Sie auf eine

Wenn Sie den **Media Player** von Windows zum ersten Mal starten, müssen Sie zunächst einige Einstellungen auswählen.

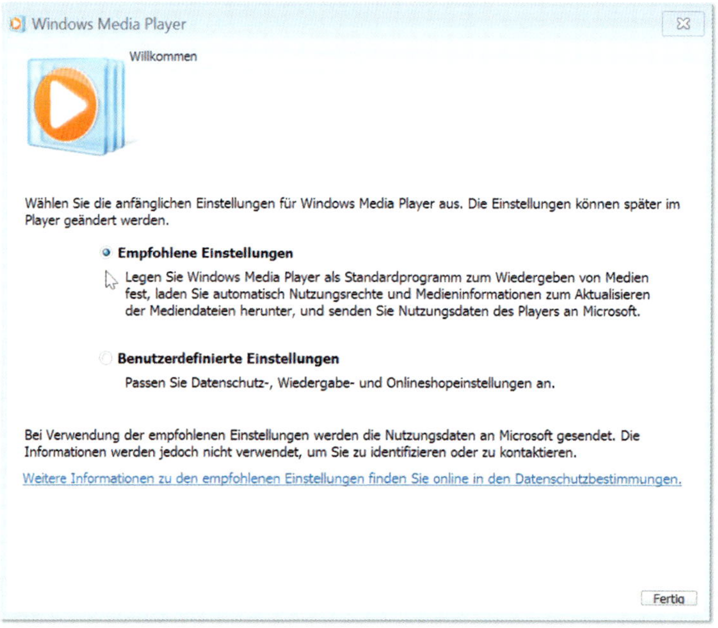

Datei, um diese abzuspielen. Alternativ können Sie auch eine Multimedia-Datei aus einem Verzeichnis mit einem Doppelklick öffnen. Alle Multimediaformate, die mit dem Media Player verknüpft sind, werden auch hier geöffnet.

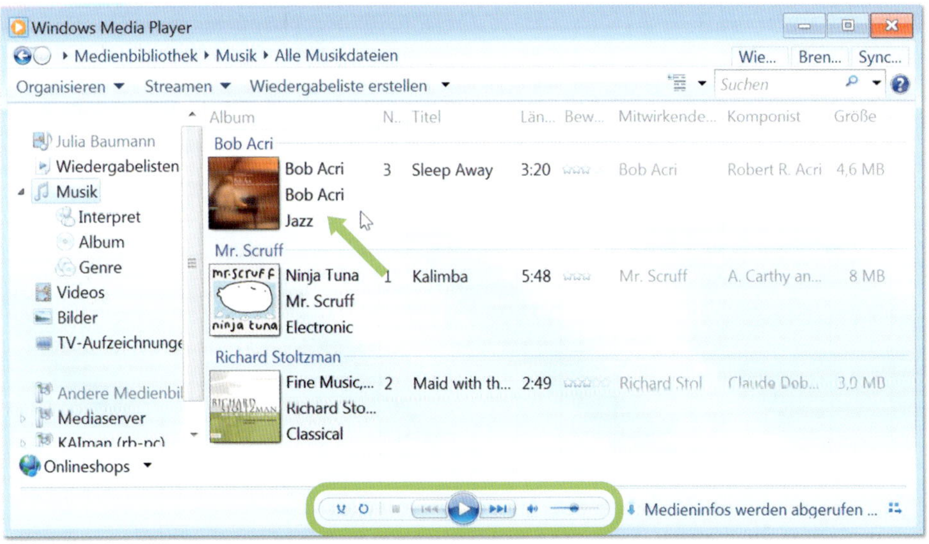

Windows bringt bereits einige **Multimedia-Dateien** zum Testen mit. Doppelklicken Sie auf eine Datei, um diese **abzuspielen.**

Wie bediene ich den Player?

Der Media Player hat wie ein „echter" Player Steuertasten, die am unteren Fensterrand fixiert sind und mit dem Mauszeiger angeklickt werden können. Hier können Sie mit der Stopp-Taste ■ eine laufende Wiedergabe stoppen, mit der Play-Taste ▶ die Wiedergabe starten, dann verwandelt sich die Play-Taste in eine Pause-Taste ❙❙ oder mit den Tasten ❙◀◀ bzw. ▶▶❙ einen Titel vor oder zurückspringen.

Digitalkameras und Windows 7

Digitalkameras sind weit verbreitet und laden zur Schnappschussjagd ein – doch wie kommen die Bilder auf den Rechner? Ganz einfach. Verbinden Sie Ihre Kamera mit einem USB-Kabel mit Ihrem Computer. Windows 7 erkennt moderne Kameras automatisch und fragt nach, was mit dem angeschlossenen Gerät und den Daten auf dem Speichermedium, meist eine Speicherkarte, gemacht werden soll. Sie können die Bilder z. B. importieren. Vor dem Import müssen Sie noch einen Bild- bzw. Ordnernamen angeben.

Klicken Sie auf **„Bilder und Videos importieren"**, wenn Sie einen Assistenten aufrufen wollen, der Sie beim **Bildimport** unterstützt.

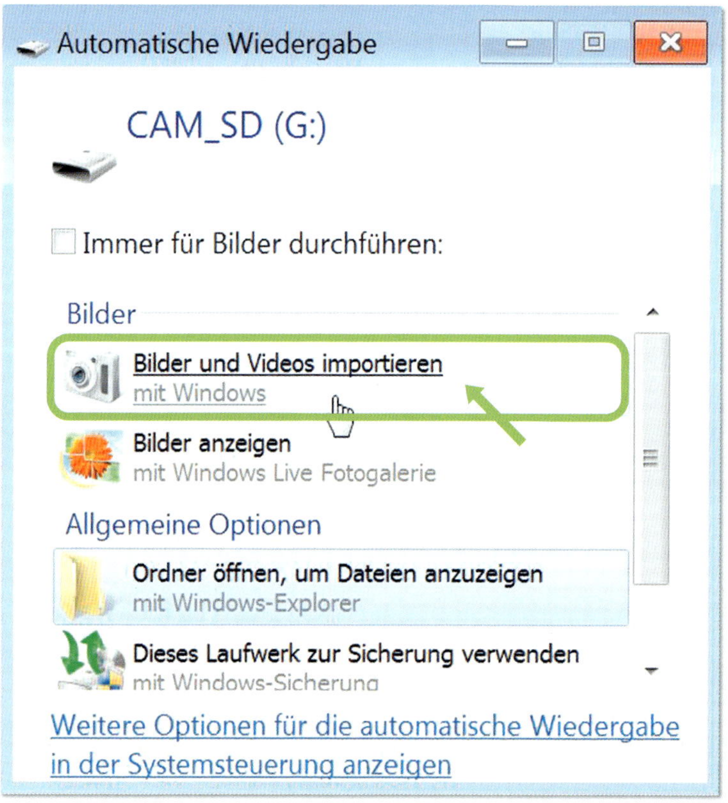

Viele Computer verfügen mittlerweile über sogenannte Kartenleser. Hier können Sie die Speicherkarte Ihrer Kamera hineinstecken, um die Bilder zu übertragen. Den Inhalt einer Speicherkarte finden Sie im Fenster „Computer“ (Windows-Taste + E) unter den Wechselmedien. Ebenso finden Sie hier Ihre importierten Bilder, wenn Sie auf den Ordner „Bilder“ klicken.

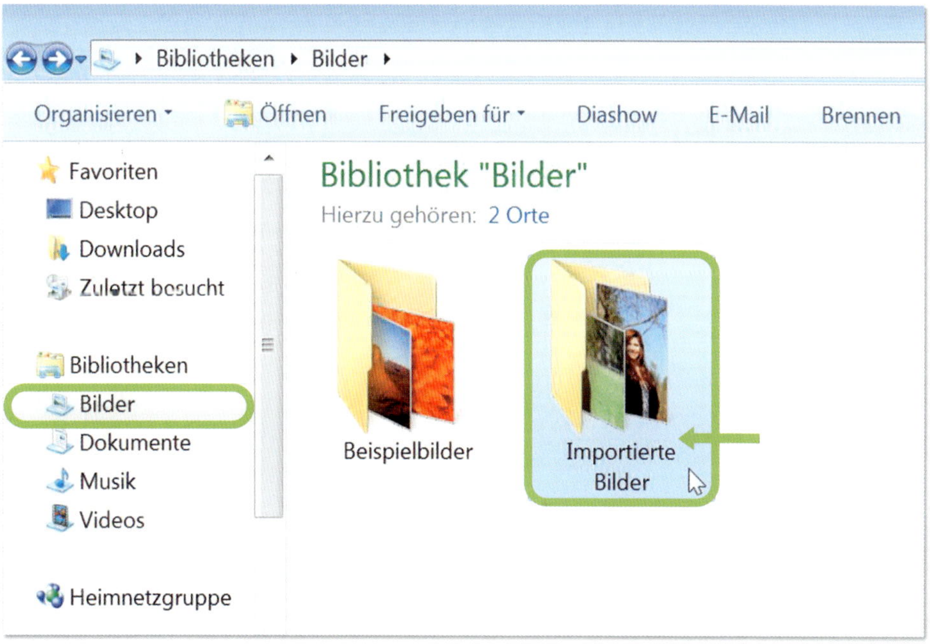

Importierte Bilder finden Sie in der Regel im Ordner **„Importierte Bilder“** unter **„Bibliotheken“** im Fenster „Computer“.

Es gibt viele **Speicherkartenformate,** für die in der Regel ein eigener **Speicherkartenleser** (mit unterschiedlich breiten Schlitzen) benötigt wird. Externe Lesegeräte werden über den USB-Anschluss mit dem Rechner verbunden.

Lassen sich Bilder nicht einfacher finden?

Mit dem Programm Windows Live Fotogalerie liefert Microsoft ein Programm, mit dem Sie digitale Bilder komfortabel organisieren und bearbeiten können. Öffnen Sie dies im Start-Menü unter „Alle Programme“ im Verzeichnis „Windows Live“. Ist das Programm auf Ihrem Rechner noch nicht installiert, können Sie es sich beim gleichnamigen Service von Microsoft herunterladen. Um die Website zu finden, geben Sie z. B. „Windows Live“ in die Suchmaske von Google ein.

Die „Windows Live Fotogalerie“ ordnet automatisch alle Bilder, die sich im Verzeichnis „Bilder“ befinden, nach dem Datum. So lassen sich Fotos leichter auffinden. Außerdem können Sie die Bilder verschlagworten. Klingt kompliziert, ist es aber nicht. Erstellen Sie einfach eine neue Beschriftung, z. B. „Schiff“. Ziehen Sie nun alle Bilder, die Sie mit dem Schlagwort „Schiff“ verknüpfen wollen, auf den entsprechenden Eintrag. Wenn Sie alle Bilder mit der Verknüpfung „Schiff“ ansehen möchten, klicken Sie auf den entsprechenden Eintrag unter „Beschriftungen“.

Mit der Fotogalerie von Microsoft lassen sich digitale Bilder mühelos verschlagworten und so leicht wieder finden.

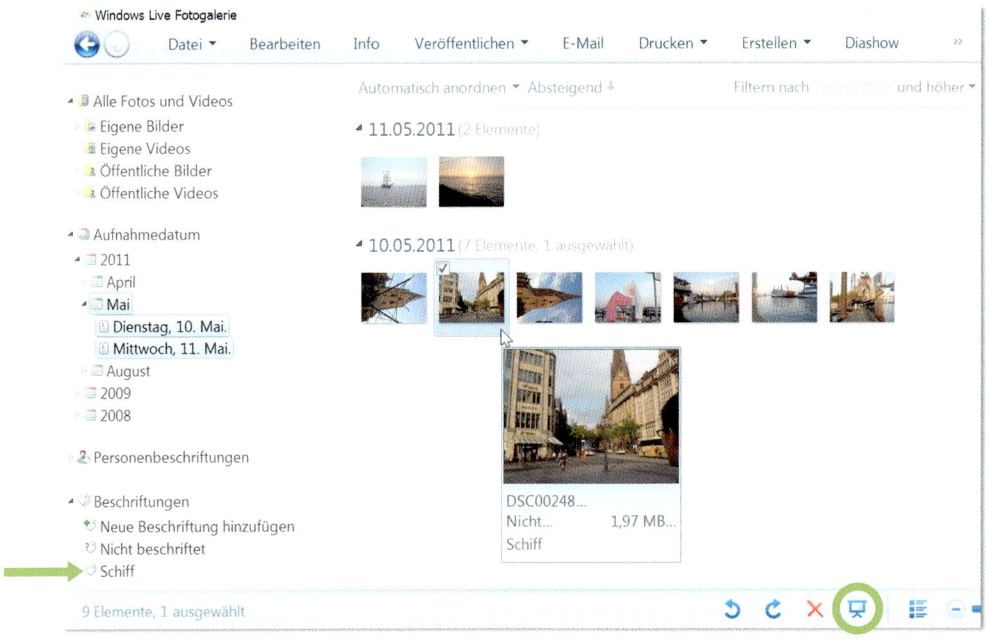

Wie kann ich Bilder präsentieren?

Wenn Sie die „Windows Live Fotogalerie“ geöffnet haben, können Sie ein Bild oder Video mit einem Doppelklick vergrößern oder mit einem Klick auf die kleine Leinwand in der unteren Statusleiste als Vollbild-Präsentation anzeigen lassen.

Wenn Sie in der Vollbildansicht den Mauszeiger leicht bewegen, erscheint am unteren Bildschirmrand ein Bedienfeld, das dem des Media-Players ähnelt. In der Mitte befindet sich ein Start/Pause-Schalter und links bzw. rechts davon ein Vor- bzw. Zurück-Schalter. Außerdem können Sie verschiedene Präsentations-Designs auswählen, die Präsentation beenden oder das Zahnradsymbol anklicken, um verschiedene Abspieloptionen anzupassen.

Die Fotogalerie verfügt über ein **Modul**, mit welchem Sie die Fotos eindrucksvoll auf dem **Bildschirm präsentieren** können.

Kann ich Bilder bearbeiten?

Mit der **Fotogalerie** können Sie Bilder leicht bearbeiten. Änderungen werden sofort in einer **Vorschau** zur Kontrolle angezeigt.

Mit der Fotogalerie können Sie digitale Fotos sehr einfach bearbeiten. Wenn Sie z. B. ein Bild drehen möchten, dann öffnen Sie das Kontextmenü einer Aufnahme und klicken auf den Eintrag „Im Uhrzeigersinn drehen“ oder alternativ „Gegen den Uhrzeigersinn drehen“. Sie können Bilder aber auch noch weiter bearbeiten. Markieren Sie dazu ein Bild und klicken Sie auf die Registerkarte „Bearbeiten“, die Sie in der oberen Leiste finden. Die Fotogalerie öffnet nun ein Bearbeitungsfenster, in dem links das Foto angezeigt wird und sich rechts einige Schaltflächen mit Bildkorrekturwerkzeugen befinden.

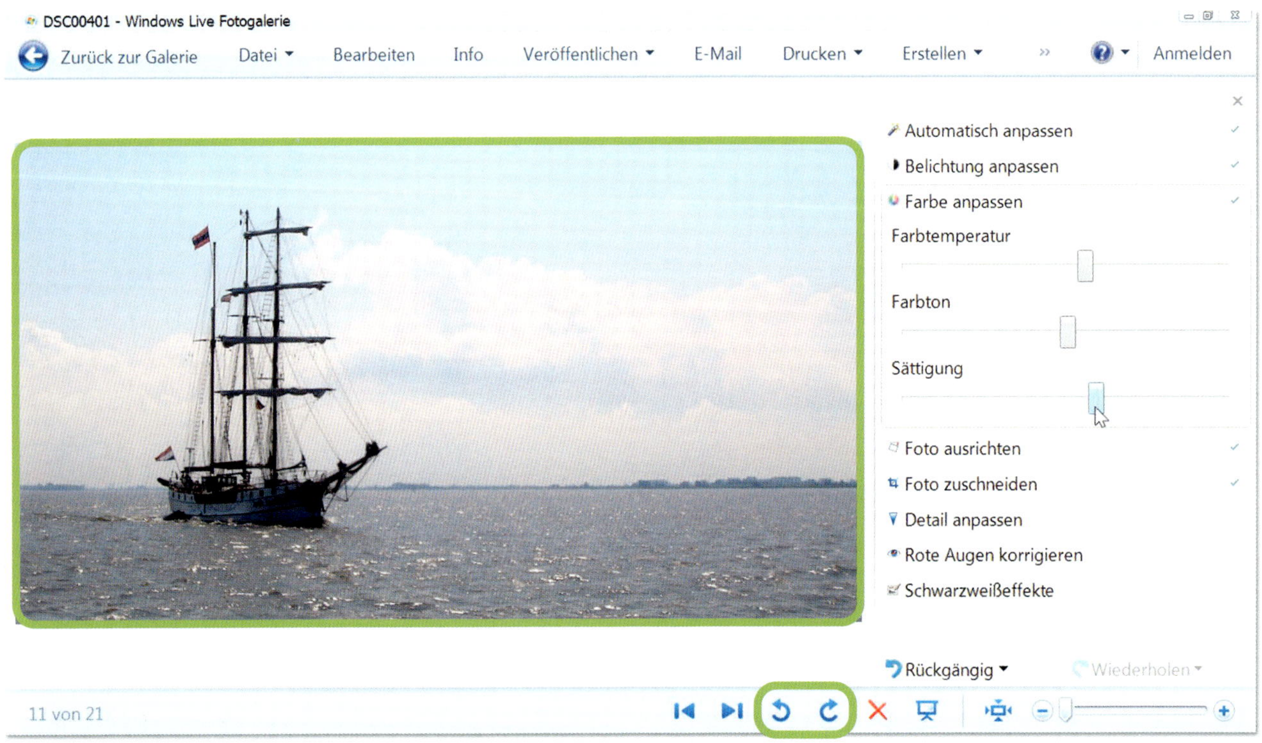

Wie nutze ich die Werkzeuge?

Die Korrekturwerkzeuge lassen sich mit dem Mauszeiger bedienen. Klicken Sie z. B. auf „Automatisch anpassen“, um das Bild automatisch korrigieren zu lassen. Dabei erzielt die Software häufig gute Ergebnisse. Sollte dies nicht der Fall sein, dann müssen Sie es manuell einrichten. Klicken Sie dafür auf eine der weiteren Schaltflächen, um z. B. unter „Belichtung anpassen“ mit ein paar Schiebereglern auf Helligkeit, Kontrast etc. manuell Einfluss zu nehmen.

Experimentieren Sie mit den einzelnen Parametern. Gefällt Ihnen eine Änderung nicht, können Sie die einzelnen Bearbeitungsschritte über den Schalter „Rückgängig“ wieder rückgängig machen.

Mit verschiedenen **Schiebereglern**, die Sie mit dem **Mauszeiger** erfassen und verschieben können, lassen sich Bilder **manuell anpassen**.

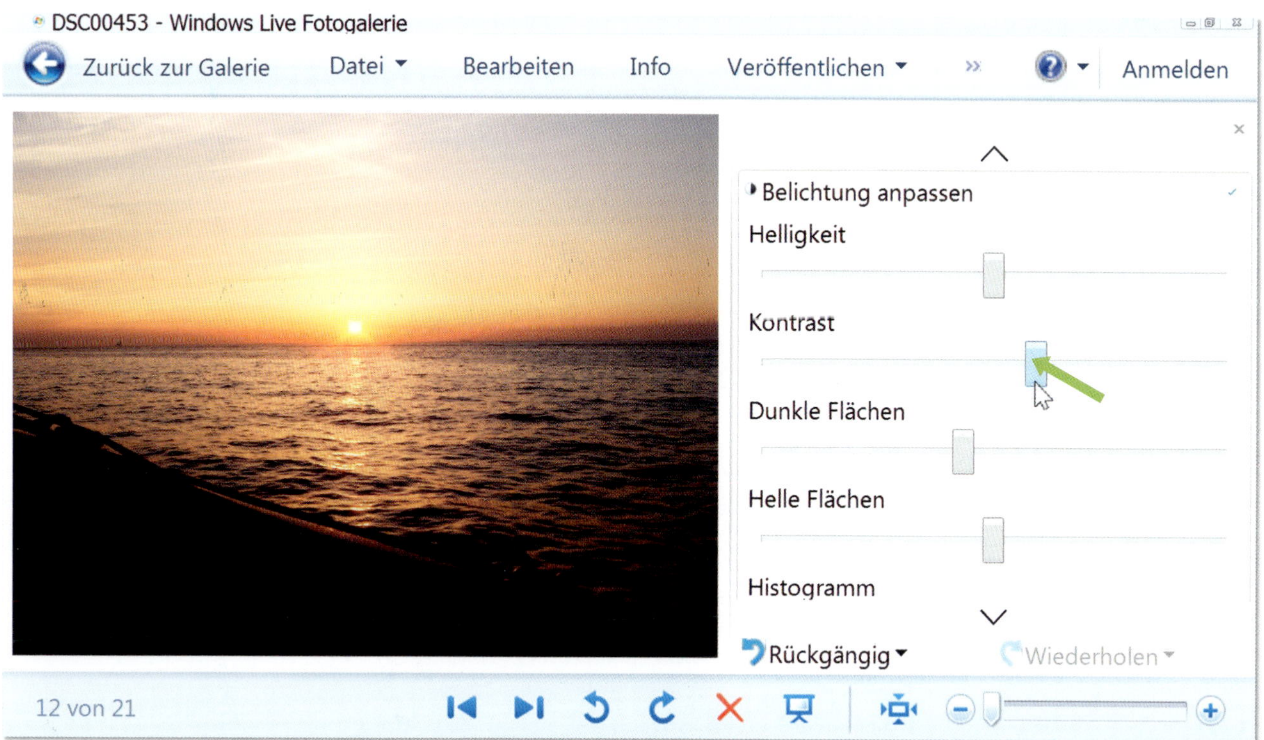

Wie drucke ich Bilder aus?

Fotos lassen sich mit vielen Bildbearbeitungsprogrammen und auch Windows Live Fotogalerie problemlos auf Papier bringen – vorausgesetzt, Sie haben einen Drucker mit Ihrem Rechner verbunden. Klicken Sie einfach auf die Registerkarte „Drucken“ und den gleichnamigen Eintrag, um das Dialogfenster „Bilder drucken“ zu öffnen. Bestimmen Sie hier den Drucker, die Papiergröße und die Qualität. Wählen Sie zudem in der rechten Spalte eine Layoutvorlage aus. Sie können z. B. vier markierte Bilder auf ein DIN-A4-Blatt drucken, um Papier zu sparen. Haben Sie alle Einstellungen erledigt, starten Sie den Druckvorgang mit einem Klick auf die Schaltfläche „Drucken“.

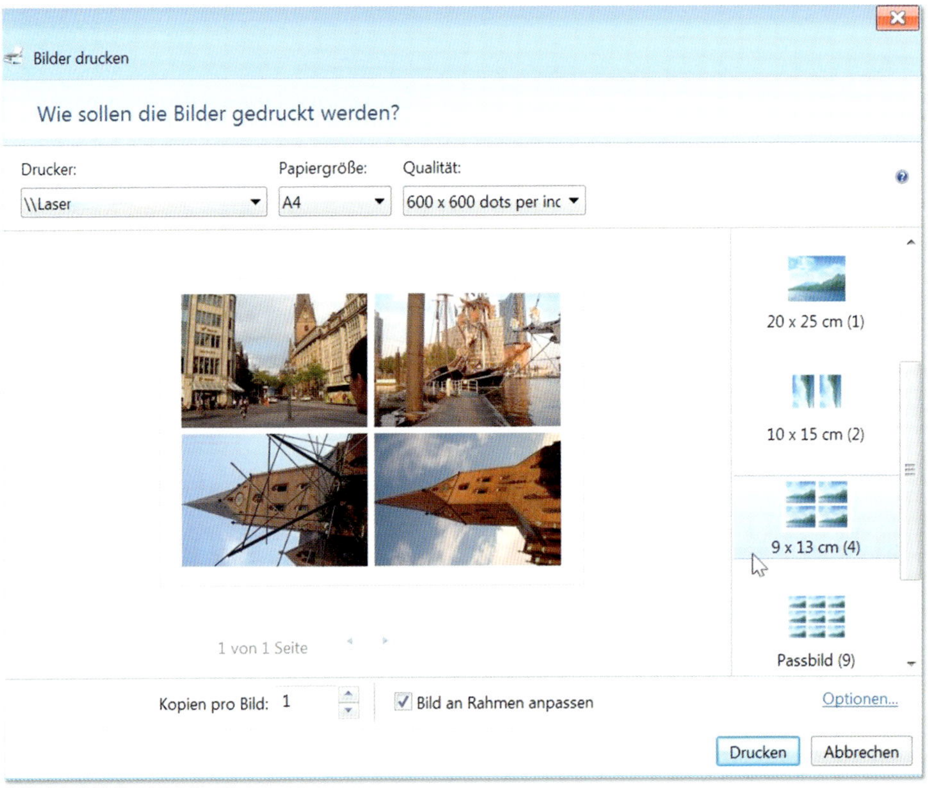

Im Dialogfenster „Bilder drucken“ können Sie die Druckparameter bestimmen.

Tipp: Ein Tintenstrahldrucker ist für den Fotodruck besser geeignet als ein Laser-Drucker. Gute Geräte erreichen eine Bildqualität, die den Abzügen aus dem Fotolabor ähnlich sind.

Sie können Bilder aber nicht nur auf Papier drucken, sondern auch auf eine Daten-CD brennen, ein Panoramabild oder einen Film erstellen. Diese Optionen finden Sie unter der Registerkarte „Erstellen“. Markieren Sie zunächst die Bilder, die Sie verwenden möchten, und folgen Sie den Anweisungen des Assistenten.

Mit der **Fotogalerie** können Sie Ihre Bilder auch als **Film speichern** oder auf eine **CD brennen**.

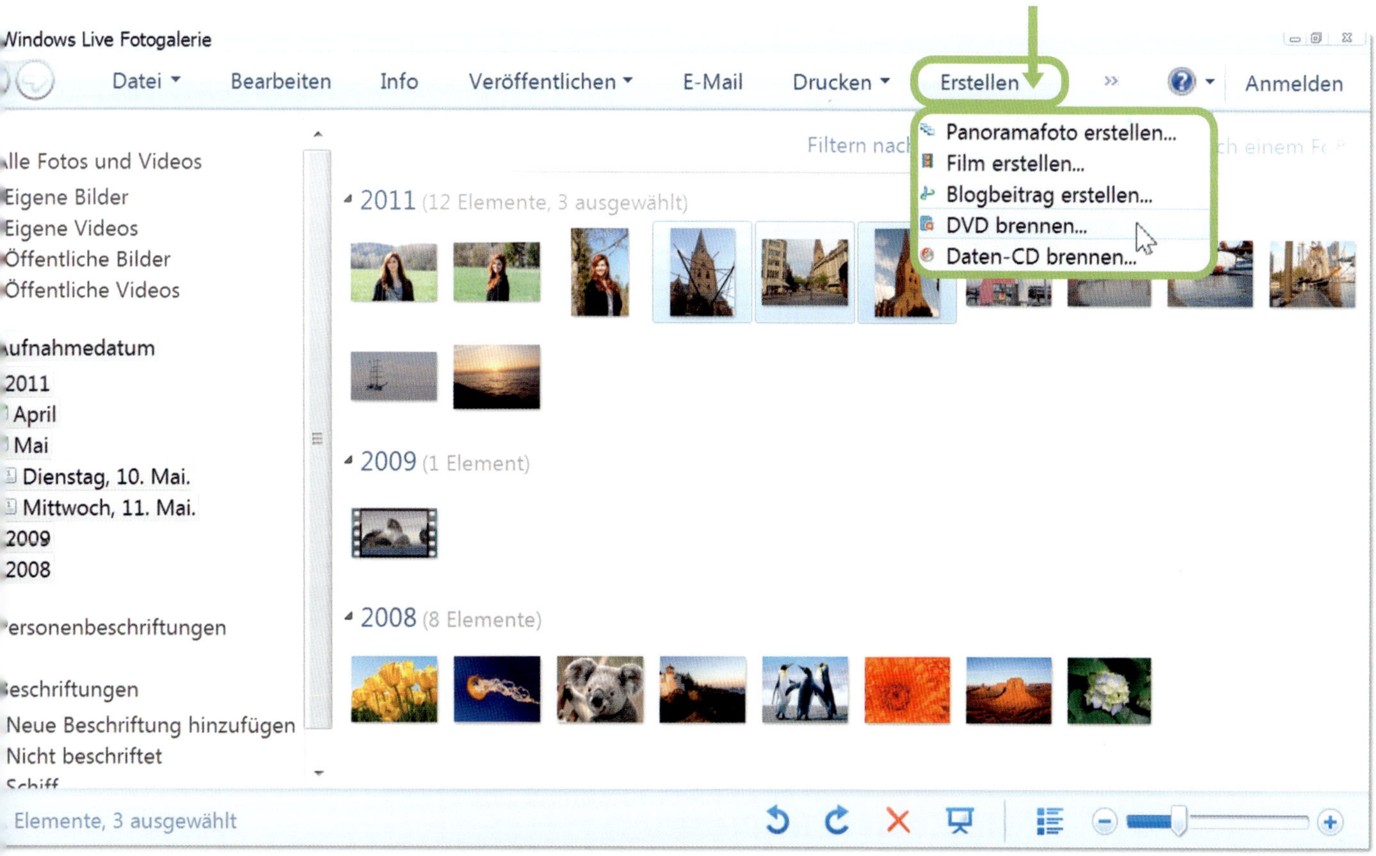

Das Internet –
Nachrichten, Multimedia und vieles mehr

Musik, Videos und Bilder werden nicht nur lokal auf einem Rechner zur Unterhaltung gespeichert. Immer mehr Multimediainhalte kommen aus dem World Wide Web, kurz WWW, einem Teil des weltumspannenden Internets, zu dem auch E-Mails, Datenübertragungen und mehr zählen.

Mit einem **Web-Browser**, wie dem **Internet Explorer** von Microsoft, können Sie **Webseiten** komfortabel ansteuern und durchblättern.

Das World Wide Web ist neben E-Mails, der elektronischen Post, wohl der spannendste Teil des Internets. Hier kann man mit einem Browser (eine Software, die Internetseiten anwenderfreundlich darstellt) Seiten von verschiedensten Anbietern öffnen und betrachten. Dazu benötigt man immer eine Web-Adresse, die in der Regel mit „www." beginnt und mit dem Ländercode endet, z. B. „.de" für Deutschland oder „.at" für Österreich.

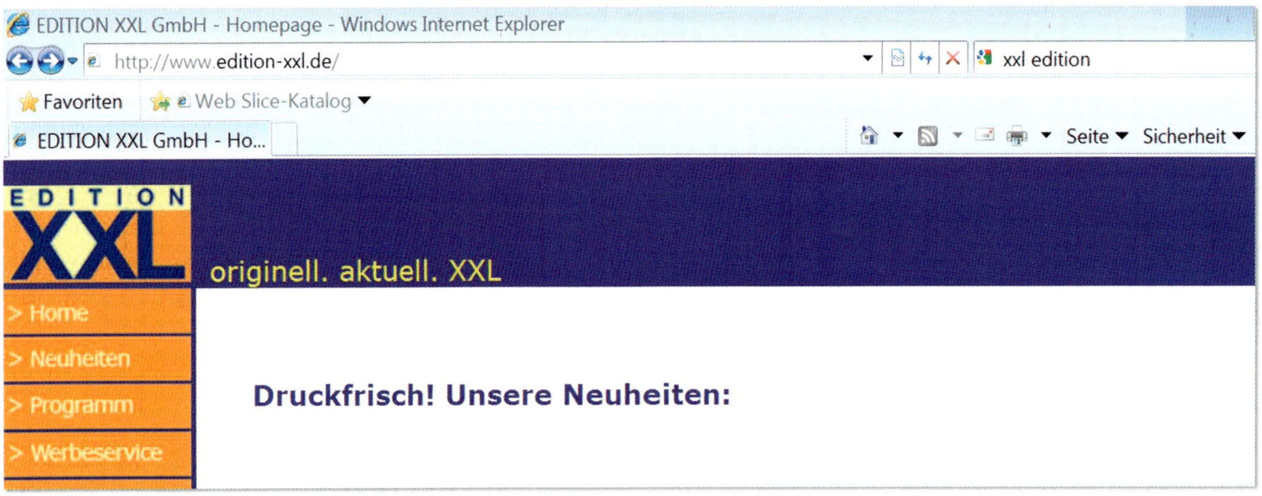

Wie bediene ich einen Web-Browser?

Ein Web-Browser und auch die Internetseiten lassen sich wie ein normales Windows-Programm nutzen und mit dem Mauszeiger und der Tastatur bedienen. Nutzen Sie z. B. den Internet Explorer von Microsoft, finden Sie in der oberen Leiste eine Adresszeile. Hier müssen Sie eine WWW-Adresse eingeben, um eine Seite aufzurufen bzw. anzusurfen. Denn üblicherweise spricht man beim Betrachten verschiedener Seiten im World Wide Web vom Surfen. Bestätigen Sie nun die Adresseingabe mit der Enter-Taste.

Wie finde ich mich auf einer Seite zurecht?

Die meisten Internetseiten sind wie Windows-Programme aufgebaut. Sie sind mit Registerkarten und Schaltflächen versehen, auf die Sie klicken können, um zu anderen Seiten zu springen oder Aktionen auszulösen. Diese Sprungmarken nennt man Hyperlinks oder kurz Links. Es handelt sich um Verknüpfungen mit anderen Webseiten oder Internetinhalten.

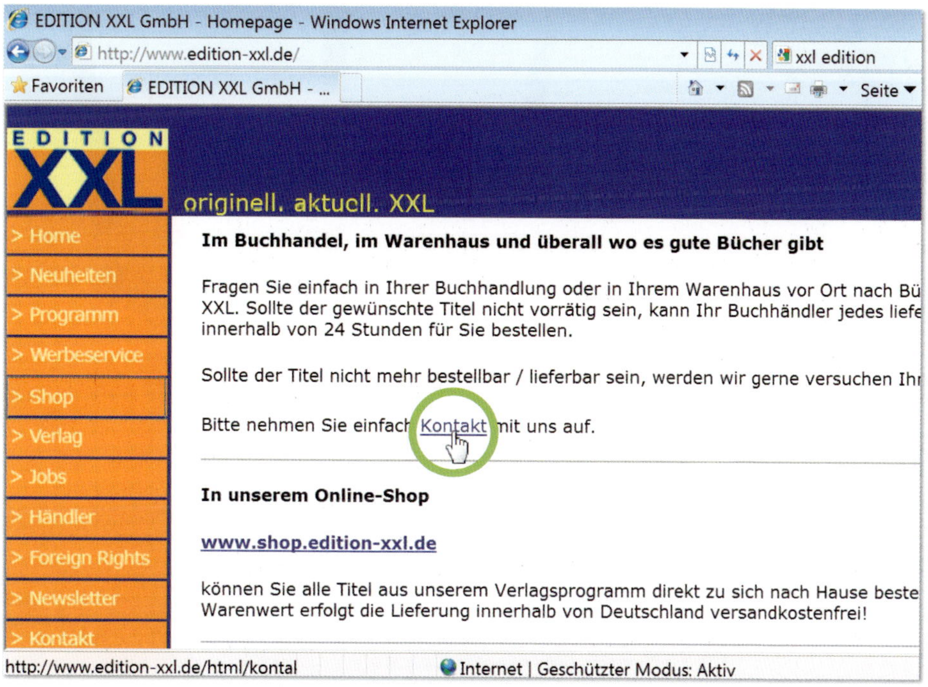

Wenn Sie mit dem **Mauszeiger** über einen **Link** fahren, verwandelt sich der Zeiger in eine **Hand** mit ausgestrecktem Zeigefinger.

Wie kommt man ins Internet?

Neben einem Computer sind noch ein paar Dinge erforderlich, um ins Internet zu kommen, z. B. eine zusätzliche Hardware und ein Internetzugang. Beides wird in der Regel im Paket angeboten. Ein typischer Aufbau einer Internetverbindung läuft über einen DSL-Anschluss (Digital Subscriber Line), eine recht schnelle Internetverbindung über Ihren Telefonanschluss. Hierfür benötigen Sie einen Computer mit Netzwerkanschluss und eine zusätzliche Hardware, einen Router. Der Computer wird, vereinfacht gesagt, mit einem Netzwerkkabel an den Router angeschlossen, der den PC mit dem Internet verbindet.

Eine **Box** (Router) wie diese verbindet den Computer mit dem **Internet**.

Jetzt benötigen Sie nur noch einen Internet-Anbieter, in der Regel eine Telefongesellschaft, der Ihnen die DSL-Leitung freischaltet, und der Spaß mit dem Internet kann beginnen.

Tipp: Alternativ zum Netzwerkkabel können viele Computer, gerade mobile Notebooks, kabellos mit einem entsprechenden Router verbunden werden. Dafür müssen beide Geräte WLAN (Wireless Local Area Network), eine kabellose Netzwerkverbindung, unterstützen.

Gibt es Alternativen?

Neben dem klassischen DSL-Anschluss können Sie auch andere Wege ins Internet wählen, z. B. via UMTS, einem Mobilfunkstandard zur schnellen Datenübertragung. Außerdem gibt es Anbieter, die Sie via Satellit, Kabelfernsehen oder auf anderen Wegen mit dem Internet verbinden.

Tipp: Vereinbaren Sie mit Ihrem Internet-Anbieter eine Flatrate, d. h. einen Pauschaltarif, der es Ihnen erlaubt, unbegrenzt im Internet zu surfen. Denn sonst wird aus dem Vergnügen Internet schnell ein teuerer Spaß.

Ist das Internet gefährlich?

Im Internet warten nicht nur Spaß, Kommunikation und Unterhaltung auf den Surfer, sondern auch viele Gefahren, z. B. durch Viren und Würmer – rein virtuelle natürlich. Diese können aber großen Schaden auf Ihrem Computer anrichten. Darum ist es dringend zu empfehlen, sich gegen sogenannte Schadsoftware durch Anti-Viren-Programme zu schützen.

Woher kommt ein Computer-Virus?

Mit einem **Anti-Viren-Programm** können Sie Ihren Rechner vor **Angriffen schützen** – allerdings muss die Software **regelmäßig** aktualisiert werden.

Computer-Viren werden von Programmierern entwickelt und finden den Weg auf Ihren Rechner auf unterschiedliche Weise, z. B. über eine Webseite, die Sie unbedacht anklicken, oder über einen E-Mail-Anhang, den Sie mit einem Mausklick öffnen können. Aber auch ohne eigenes Tun kann ein Virus auf Ihren Rechner gelangen. Schutz ist also wichtig.

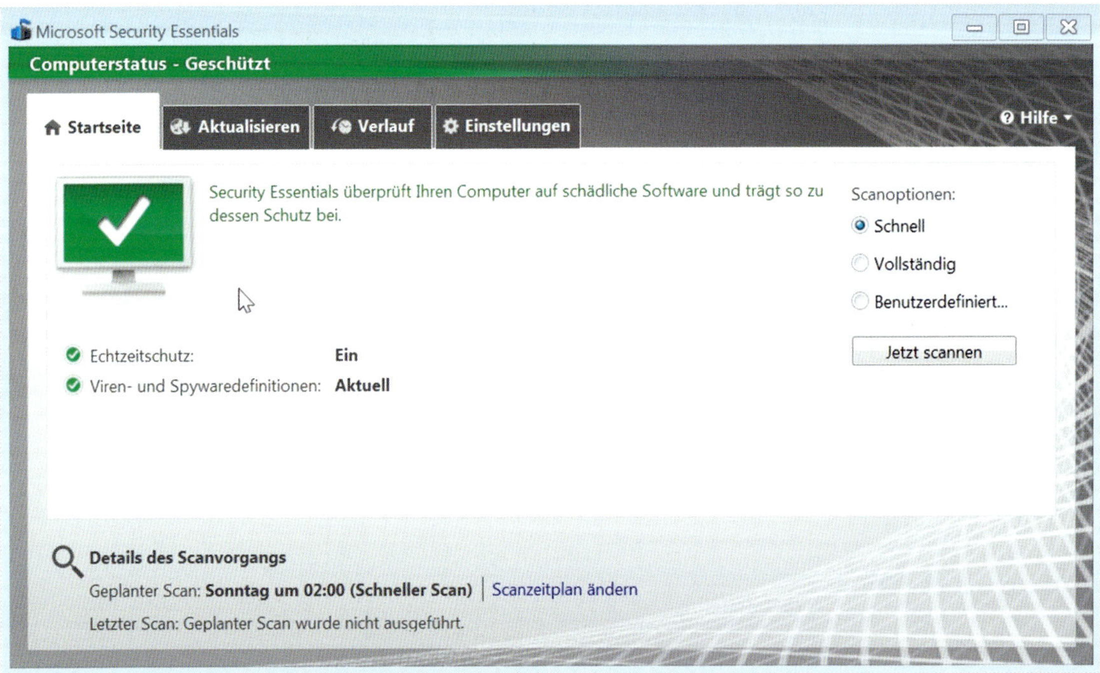

Wie schütze ich mich?

Ein gutes Anti-Viren-Programm überwacht den Datenverkehr auf dem Computer und schlägt Alarm, wenn ein Schadprogramm entdeckt wird. In der Regel liefert das Programm dann auch gleich einige Vorschläge, wie Sie weiterverfahren sollten, um den Virus zu löschen oder die befallene Datei in Quarantäne zu stecken. Neben einem Virenschutz hilft auch eine Firewall, Angriffe aus dem Internet abzuwehren. Beide Schutzprogramme sollten genutzt werden. Außerdem ist es dringend zu empfehlen, den Rechner in regelmäßigen Abständen komplett nach Schadsoftware zu durchsuchen.

Neben Viren, Würmern und Co. lauern auch noch andere Fallen auf Sie. Darum sollten persönliche Daten und Informationen zur **Bankverbindung** und **Kreditkarte** nur an sichere Seiten übermittelt werden.

Woher bekomme ich ein Schutzprogramm?

Ein Schutzprogramm für Ihren Computer erhalten Sie im Fachhandel, im Internet oder es befindet sich bereits auf Ihrem PC. Viele neue Rechner werden mit einem entsprechenden Anti-Viren-Programm geliefert, das für eine bestimmte Zeit kostenlos genutzt werden kann. Danach ist in vielen Fällen eine Gebühr fällig, denn eine Schutzsoftware muss regelmäßig, am besten täglich mehrmals, mit neuen Informationen bedient werden, d. h., die Software benötigt ständig die neuesten Informationen über aktuelle Bedrohungen vom Hersteller, um optimal schützen zu können.

Wie kann ich Web-Adressen speichern?

Sie können Web-Adressen in einer Favoritenleiste im Internet Explorer speichern, um sie später bequem wieder aufzurufen. Klicken Sie dafür in der oberen Leiste auf die Schaltfläche „Zu Favoriten hinzufügen". Im folgenden Dialogfenster können Sie dem Link einen Namen geben und in einen beliebigen Favoriten-Ordner speichern. Dies ist vor allem dann empfehlenswert, wenn Sie viele Lesezeichen abspeichern. Legen Sie z. B. alle Links zu Webseiten von Tageszeitungen in den Ordner „Tageszeitung". Um einen neuen Ordner anzulegen, klicken Sie auf die Schaltfläche „Neuer Ordner" – ähnlich wie im Fenster „Computer", in dem Sie Verzeichnisse und Dateien finden.

Speichern Sie Ihre **Favoriten** als **Lesezeichen** ab. Dann müssen Sie die Adresse nicht immer wieder eingeben, wenn Sie die Seite erneut besuchen möchten.

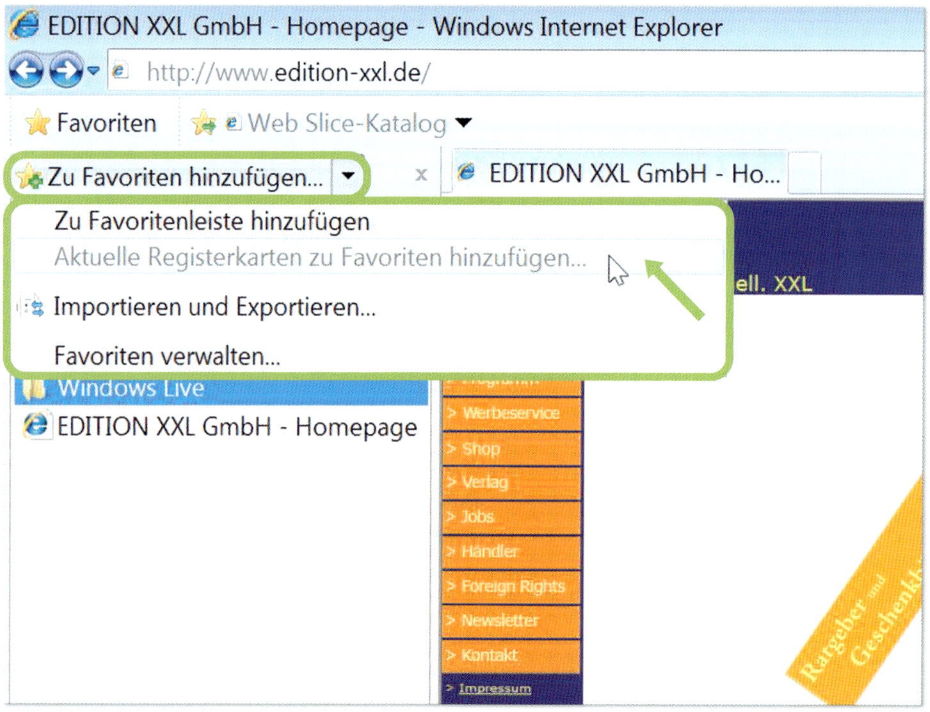

Wo suche und finde ich was?

Das World Wide Web ist unüberschaubar groß und wer hier was finden möchte, der benötigt Hilfe. Diese Hilfe bietet eine Suchmaschine, die das gesamte World Wide Web täglich nach neuen Schlagworten durchsucht und die Ergebnisse speichert.

Im Internet Explorer finden Sie oben rechts ein kleines Eingabefeld mit einem Lupen-Symbol. Geben Sie hier einen Begriff ein, nach dem Sie suchen möchten, und starten Sie die Suche mit der Enter-Taste. Je nachdem, welche Suchmaschine mit dem Textfeld verbunden ist, erscheint nach wenigen Sekunden eine Liste mit Treffern. Klicken Sie das Suchergebnis an, das am besten passt, und schauen Sie dort, ob Sie die Informationen finden, nach denen Sie gesucht haben. Alternativ können Sie die Adresse einer Suchmaschine natürlich auch in das Adressfeld eingeben, den Link zu Ihrer Lieblingssuchmaschine unter Favoriten speichern und im Suchfeld der Seite eine Suchanfrage starten.

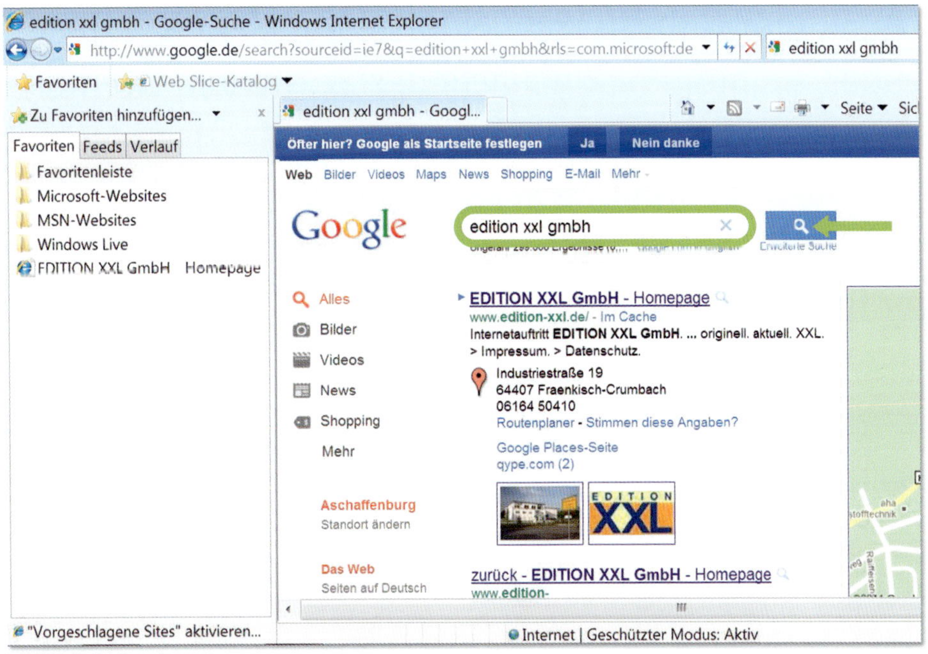

Ohne eine **Suchmaschine** findet man im **World Wide Web** kaum etwas.

E-Mail: Die elektronische Post

Neben dem World Wide Web ist die Kommunikation per E-Mail, der elektronischen Post, wohl eine der häufigsten Anwendungen im Internet. E-Mails funktionieren im Prinzip wie ein klassischer Brief – nur ohne Briefmarke, digital und deutlich schneller.

Wie richte ich ein E-Mail-Konto ein?

Um E-Mails zu verschicken und zu erhalten, benötigen Sie ein E-Mail-Konto und eventuell ein E-Mail-Programm. Ein E-Mail-Konto wird von verschiedenen Anbietern kostenlos zur Verfügung gestellt. Dabei unterscheiden sich die Anbieter im Umfang des kostenlosen Angebots, z. B. was den Speicherplatz betrifft, den Sie mit Ihren Mails belegen dürfen. Wenn Sie im Internet nach „E-Mail-Anbieter" suchen, finden Sie eine entsprechende Auswahl mit Vergleichsmöglichkeiten. Das Einrichten des E-Mail-Kontos erfolgt bei den verschiedenen Anbietern in der Regel ähnlich. Sie müssen mit Ihrem Web-Browser eine entsprechende Seite ansurfen, einige Angaben zu Ihrer Person machen, z. B. Namen, Wohnort etc., und sich einen Benutzernamen aussuchen. Anschließend wird Ihnen eine E-Mail-Adresse zugewiesen, die sich in vier Abschnitte unterteilt:

1. Ein frei wählbarer Benutzername
2. Ein @-Zeichen
3. Die Adresse des Anbieters
4. Das Länderkürzel als Endung (z. B. „.de")

Eine E-Mail-Adresse sieht also im Prinzip so aus: **Name@Anbieter.xy**

Am einfachsten ist es, wenn Sie über einen Web-Browser Ihre E-Mails abrufen und verwalten. Allerdings stoßen Sie dann bei regem E-Mail-Verkehr schnell an die Speichergrenzen, die Ihnen der Anbieter zur Verfügung stellt. Im Web-Browser können Sie E-Mails lesen, bearbeiten und verschicken. Als Alternative gibt es noch die Möglichkeit, ein E-Mail-Programm auf Ihrem Rechner zu installieren, z. B. Outlook 2010 von Microsoft, das neben den E-Mails auch Termine, Adressen und mehr verwaltet. Ein wichtiger Vorteil ist hierbei, dass Sie über wesentlich mehr Speicherplatz verfügen.

Ein **E-Mail-Konto** einzurichten ist nicht ganz einfach. Nehmen Sie bei eventuell auftretenden Problemen fachkundige Hilfe in Anspruch.

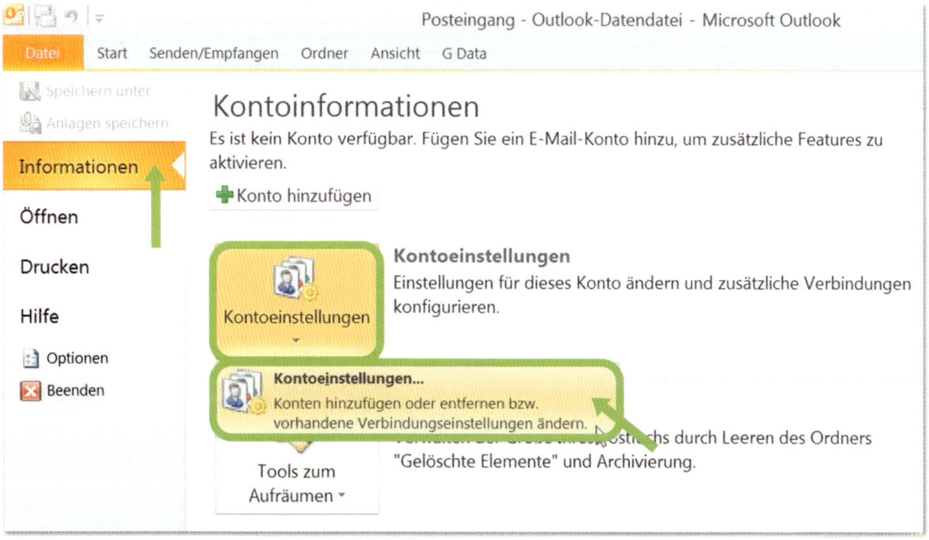

Wenn Sie ein E-Mail-Programm, wie z. B. Outlook, installiert haben, richten Sie die Einstellungen in der **Backstage-Ansicht** ein.

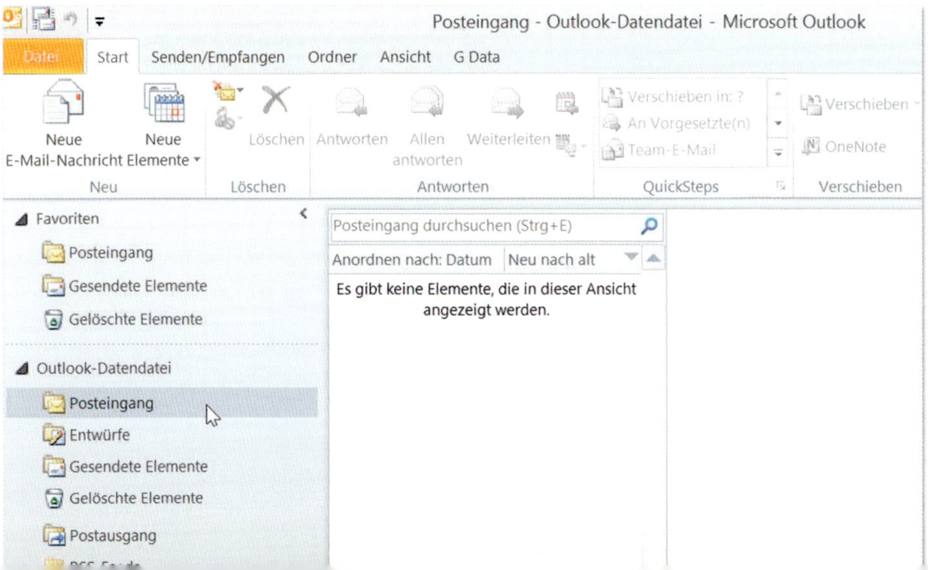

Mit einem **E-Mail-Programm** können Sie **E-Mails** auf Ihrem Rechner speichern und verwalten, ohne dass Sie **Speicherplatz** von einem Anbieter benötigen.

Wie schreibe ich eine E-Mail?

Achten Sie beim Verschicken von **Anhängen** darauf, dass die Datenmenge nicht zu groß ist (z.B. bei Bildern). Sonst kann die **Speicherkapazität** des Empfängers überschritten werden und er kann keine E-Mails mehr empfangen.

Eine E-Mail zu schreiben ist ganz einfach. Klicken Sie auf die Schaltfläche „Neue E-Mail-Nachricht“ ①. In dem Fenster, das sich dann öffnet, geben Sie neben „An...“ ② die E-Mail-Adresse des Empfängers ein. Möchten Sie, dass jemand eine Kopie der Mail erhält, können Sie neben „Cc...“ ③ eine weitere Adresse einfügen. Schreiben Sie nun in die Betreffzeile ④ und in das darunterliegende große Textfeld ⑤ Ihre Nachricht. Wenn Sie eine Text- oder Bilddatei mitschicken möchten, können Sie über das Büroklammer-Symbol ⑥ die entsprechende Datei aus dem Ordnerverzeichnis auswählen. Um Ihre E-Mail abzuschicken, müssen Sie nur noch auf die Schaltfläche „Senden“ ⑦ klicken und schon geht Ihr elektronischer Brief auf die Reise.

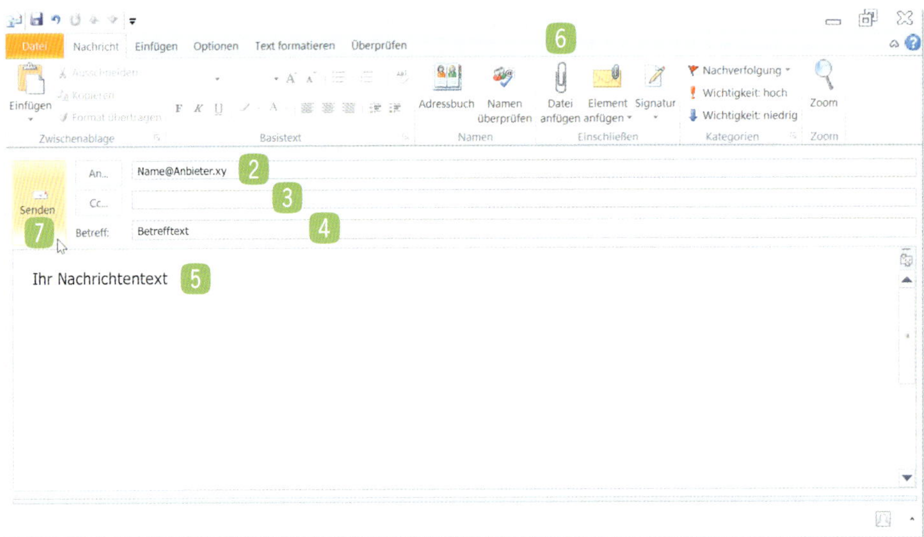

Register

Genehmigte Lizenzausgabe
EDITION XXL GmbH
Fränkisch-Crumbach 2011
www.edition-xxl.de

Idee und Projektleitung: Sonja Sammüller
Layout, Satz und Umschlaggestaltung:
SAMMÜLLER KREATIV GmbH
Text: Kai Schwarz und SAMMÜLLER KREATIV GmbH

ISBN (13) 978-3-89736-282-6
ISBN (10) 3-89736-282-1

Bildnachweis:

Wir danken folgenden Firmen für ihre freundliche Unterstützung:

Acer: 28
Apple: 11
Dell: 9, 10, 16
AVM Computersysteme Vertriebs GmbH: 86
Fujitsu: 6, 7, 12, 23
Lenovo: 8

Shutterstock: Christos Georghiou Cover Back/ Ilja Mašík 26/lenetstan 52/Mihai Simonia 72/ Robbi 25/siart 4/Vladimir Koletic Cover

Alle weiteren Fotos: Kai Schwarz